「小中一貫」で学校が消える

子どもの発達が危ない

山本由美
藤本文朗　編
佐貫　浩

新日本出版社

目次

各章執筆者一覧

第1章　山本由美（和光大学教授）
第2章　都筑　学（中央大学教授）
第3章　藤本文朗（滋賀大学名誉教授）
第4章　室崎生子（子どもの発達と住まい・まち研究室主宰、元平安女学院大学教授）
第5章　大平　勲（京都教育センター）
第6章　石山雄貴（東京農工大学大学院）
第7章　佐貫　浩（法政大学教授）
第8章　伊東哲英、秦　保恵、藤本貞子、堀　信子、室崎生子（東山の学校統廃合を考える会）
第9章　石原幸一（門真教職員組合）、宮城　昇（大阪市教職員組合）
第10章　片上寿子（泉北教職員組合）
第11章　川原　誠（池田子どもと教育を守る会）、澤田史郎（池田労連）、美濃辺あけみ（池田教職員組合）
第12章　濱田展子（三条市の教育を考える市民の会）
第13章　岸本清明（加東市公立小学校元教諭）

はじめに

二〇一五年六月、学校教育法が改正され、二〇一六年度より小中一貫の「義務教育学校」が法制化されることになった。一九九八年の法改正で導入された中等教育学校（中高一貫校）に続き、新たな学校が学校教育法第一条の中に位置づけられることになる。すなわち、普通の小学校、中学校以外に「義務教育学校」が新たな学校種として登場するのだ。

しかし、小中一貫校の教育的効果やデメリットについて、これまで十分に検証されてきたわけではない。

今回の国会審議の中で、小中一貫校と非一貫校を同一条件で比較した研究調査はまだ行われていないことが明らかにされた。また、多くの自治体が導入理由として挙げてきた「中一ギャップの解消」についても科学的な根拠があるわけではないことは、二〇一四年の国立教育政策研究所のリーフレットによって示され周知されるようになった。そして、制度化を前に一部の自治体が導入に積極的であるのに対し、きわめて冷ややかに見つめる自治体や様子見をきめこむ自治体も数多い。

それでも義務教育学校は制度化される。「平成の学制大改革」の名のもとに。そしてそれによって状況は大きく異なってくるだろう。初等教育から異なった学校制度が設けられることによって、誰にでも平等な公教育を提供する制度であった戦後日本の六・三・三制の学校体系が掘り崩されていく。

また、施設一体型の義務教育学校という名目で、地方の小規模校の統廃合が急激に進むことが懸念される。

本書は多角的な視点から、この新しい義務教育学校（小中一貫校）について検証しようとするものである。大きな論点としては次のようなものがある。

1　義務教育学校の法制化はどのような意味を持っているのか。

2　心理学、教育学、財政学、まちづくりなど多角的な視点からみて義務教育学校には、どのような課題があるのか。また、過疎地の小規模校が地域に存続していくために小中一貫校制度を選択するケースが多いのだが、それをどのように考えていったらよいのか。

3　小中一貫校の導入、実質的な学校統廃合をめぐって、これまで各地でどのような運動が起きているのか。保護者、市民、教職員はトップダウンの計画化にどのように対抗していくのか。対抗軸となるのはどのような運動なのか。

二〇一〇年に、京都市で二小学校五中学校を統合して東山開睛館学園が計画化されたことに対して、地域住民によって起きた反対運動を背景に、住民と教職員組合の共同によって第一回「学校統廃合と小中一貫校を考える全国交流集会」が開催された。以後、東京都品川区、京都市、大阪府堺市、東京都、と回を重ねてきた。本書は、二〇一二年、第二回品川大会の際に出版された、『これでいいのか小中一貫校』の続編に位置づけられるものである。研究集会の中で明らかになった課題について明らかにしようとする調査研究、集まった多くの教職員や市民による報告をもとに、本書は構成されている。いわば運動と研究の発展を背景に編まれたものである。ただの制度批判にとどまらず、既にできた制度をどのように改善していけるのか、特に、地域の小規模校を小中一貫校制度によってどのように子どもの成長・発達の視点から充実したものにしていけるのか、急務の課題に応えていきたい。

また、行政が各地で行っている小中一貫校のメリットのみの宣伝に対して、デメリットを含めた正確な情報を提供し、全国各地で小中一貫校のあり方を良心的立場から検討し、日々努力している学校関係者の方々にも、問題を冷静に見つめることで制度の改善や適切な運用に役立ててほしいと考える。小中一貫校は、様々なものが混在した制度ではあるが、決して国民の広範な教育要求を反映してつくられた制度ではない。様々なものが混在している、ということは別の言い方をすれば、ひっかかりやすいトラップがある、ということでもある。トラップは新自由主義の得意技でもある。まやかしを取り除き、冷静な目で見つめる助けとして本書が役立つことを願っている。

第一部　制度化された小中一貫校と学校統廃合のねらい

第1章　小中一貫校問題はどうなっているか

1　義務教育学校の法制化

二〇一五年六月の学校教育法改正により、来年度より新しい学校種である「義務教育学校」が法制化されることになった。すなわち学校教育法第一条に、次の傍線部分の追加が行われる。

学校教育法第一条　この法律で、学校とは、幼稚園、小学校、中学校、義務教育学校、高等学校、中等教育学校、特別支援学校、大学及び高等学校とする。

「義務教育学校」は、①「九年間の教育目標の明確化」、②「九年間一貫した教育課程の編成・実施」を要件とすることになった。また、六年間の前期課程と三年間の後期課程からなる学校とされる。

さらに、既存の小学校・中学校の学習指導要領を準用することになる。

これは、一般の小学校、中学校との接続を配慮したものであると思われる。特に都市部などで私立中学校に進学する層に対する配慮は重要となる。ただし、「学校設置者の判断により柔軟な選択肢を提供する」という観点から、今後、教育課程を弾力化し、学年段階の区切りを柔軟に設定しやすくする特例措置を使えるよう、政省令改正を行うことが予定されている。

おそらく、これまで小中一貫教育を推進してきた自治体は、四・三・二制小中一貫カリキュラム（九年間の修業年限を入学時から一〜四年、五〜七年、八〜九年と区分して、それぞれにまとまりをもたせる）による一貫校の法制化、小中一貫教育に対応した学習指導要領や「義務教育」教員免許の導入など、より抜本的な改革を望んでいたに違いない。すでに四・三・二制一貫教育を導入した学校から、今回の法制化された制度に対して批判的な声も聞かれている。二〇一三年段階で、約七割の施設一体型小中一貫校が四・三・二制を導入していたのだ。

また「義務教育学校」は、一人の校長の下の一つの教職員集団からなり、同一敷地内にある施設一体型と、小学校と中学校が離れた場所にある分離型、隣接する隣接型に分けられる。

さらに、「義務教育学校」とは別に、組織上独立した小学校、中学校、すなわち別々の校長がいる複数の学校が、「義務教育学校」に準じた「小中一貫型小学校・中学校」として、制度化されることになった。その際、小学校は複数校であってもかまわず、やはり九年一貫した教育目標、教育課程が要件となる。この「小中一貫型小学校・中学校」は「施設の一体分離を問わず設置可能」とされる。

自治体によって、「義務教育学校」を導入するか否か、普通の小学校・中学校を「小中一貫型小学校・中学校」にするか否かというように多様な選択肢が生まれる。この「自治体が制度を柔軟に選択できる」ということもこの制度のメリットであると中教審答申では述べられている。

文科省は、小中連携教育を「小・中学校がお互いに情報交換や交流を行うことを通じて、小学校教育から中学校教育への円滑な接続を目指す様々な教育」とした。また、小中一貫教育を「小中連携教育のうち、小・中学校が目指す子ども像を共有し、九年間を通じた教育課程を編成し系統的な教育を目指す教育」と定義している。すなわち何らかの「系統的な九年間を通じた教育課程」を備えていれば、小中一貫教育を行う学校といえることになる。

そのような広い定義によれば、全国で小中一貫教育の取り組み件数は一一三〇件、小学校二二八四校、中学校一一四〇校（二〇一四年度）が該当することになる（資料1‐1）。しかし、実際の内訳は、いわゆる施設一体型小中一貫校は一四八校であり、施設隣接型五九校、施設分離型八八二校である。同一敷地内にある一貫校は全体の一三パーセントに過ぎない。今回の法制化後、このうち施設一体型一貫校と隣接型、分離型の一部が「義務教育学校」に移行し、分離型の多くは「小中一貫型小学校・中学校」に移行するのではないかと推測される。

いずれにせよ今後、小中一貫教育を導入すると宣言し（あるいはすでにしており）、たとえ民間企業が作成したカリキュラムのコピーのようなものであっても、とりあえず「独自」の九年間を見通した教育課程を作成しさえすれば、この制度を導入することは容易だ。自治体が一部の統廃合したい学校を施設一体型「義務教育学校」にし、周辺の学校は分離型「一貫校」もしくは「小中一貫型小学校・中学校」として位置づけていくケースが続出することが予想される。制度に参入するためのハードル

資料1－1　小中一貫校数

施設一体型	148
隣接型	59
分離型	882
計	1130

※ 2014 年中央教育審議会答申より作成

参考　3つのタイプの中高一貫校の校数

	国公立学校	私立学校	計
中等教育学校	30 4 国立	17	51
併設型中高一貫校	76	248	324
連携型中高一貫校	85（高校） 175（中学） 1 国立	2（高校） 1（中学）	87 177

※「学校基本調査」より筆者作成

は下げられたといえよう。

　また、中教審答申では、仮に一部に小中一貫教育学校を導入する場合、「その他の教育の質の向上をどう図るか」が課題であると記され、小中一貫教育はあたかも質の高い教育であるかのように受け止められる記載も見られる。しかし反面、同答申は、敢《あ》えて「教育の機会均等との関係」という項目を立て、あくまで就学指定の対象である通常の小中学校の連携・接続を強化する延長での制度化であり、同じ学習指導要領に沿った教育が行われることから、水準の異なる学校になるわけではない、と念を押している。そこには、矛盾が見られるようだ。

　実態としては、英語教育に特化した初等教育からの「エリート校」を想定した動きが一部で見られる。東京都下では国際バカロレアのプログラムに対応した英語教育を行う私立小中一貫校が計画されている。「義務教育学校」は国公私いずれも設置が可能なのである。これは、東京都が二〇二二年開設をめざす

「グローバル人材」養成をめざす都立小中高一貫校にも類似している。さらに、福岡県宗像市では、地元財界がバックアップした私立のエリート向け小中一貫校開設の計画化が市の協力の下に進められている。

他方で、すでに法制化に便乗するような形で、全市導入および統廃合計画を公表した自治体として広島県福山市、兵庫県加東市、および大阪の多くの市などがある。福山市の場合は、小中一貫教育を全市導入し、島嶼《とうしょ》部など周辺の小規模校を統合して一貫校にまとめようとする計画である。加東市では、九校ある小中校を三校の一貫校にまとめようとする計画が急浮上した。両者とも全市の地域再編計画と結びついている点が特徴的であるが、法制化後、全国で同様の事態が起きることが懸念される。このように見ると、小中一貫校の目的は、圧倒的にコスト削減のための統廃合であり、「エリート校」は例外であると思われる。

「義務教育学校」制度化は、「中等教育学校」、中高一貫校のケースと類似している。一九九八年に、鳴り物入りで制度化された「中等教育学校」ではあるが、実は、現在全国に五一校しか開校されていない。資料1-1の下の表に見るように、内訳は国公立三四校、私立一七校である。おそらく制度として使い勝手が悪いのだ。

いわゆる中高一貫校制度には三種類ある。「中等教育学校」と、高校とその付属中学からなる「併設型」中高一貫校、および離れた別々の中学・高校からなる「連携型」中高一貫校である。教育課程に特例を設けられることが要件であるが、「連携型」の場合、その特例は制限的だ。このうち「中等教育学校」は、六年間一貫した学校として高校入試をすることができない。また、中学時の生徒の受け入れに「学力試験」は行えず「適性検査」のみが許される。これは導入時に「エリート校にしない」と国会で付帯決議をつけられたためである。それに対し、「併設型」中高一貫校は、高校で「学力試験」を実施し新しい生徒を受け入れることができる。

そして、いわゆる〝中高一貫校〟と呼ばれているのは、この「併設型」中高一貫校と、実は単に同一法人の中学と高校が実態として連携しているだけのケースが多い。資料1-1に見るように全国で「併設型」一貫校は公立七六校、さらに私立は二四八校ある。例えば、東京に公立の〝中高一貫校〟と呼ばれる学校は一一校あるが、内訳は「中等教育学校」六校、「併設型」五校と半々である。それに対して、私立は「中等教育学校」はゼロ、「併設型」は五校、その他は全て単に同一法人の中学と高校が連携しているだけなのである。そしていわゆる「難関校」といわれるのは、この最後のケースが圧倒的に多い。

しかしこのように制度が形骸化していてばらばらであっても、都市部ではこれらの〝中高一貫校〟の多くは前倒しした大学受験向けカリキュラムを採用し、進学に有利な人気校になっているケースが多いのは周知のとおりである。

他方、施設が離れていて別組織の学校からなる「連携型」中高一貫校は、全く異なった制度として機能している。全国に二六〇校ある公立「連携型」中高一貫校は、地域の中学と高校が連携してスムーズに進学しやすいようにしたり、連携の活動を行ったりしている。

この中高一貫校との対比でいえば、「中等教育学校」に当たるのが小中一貫校では「義務教育学校」であり、「連携型」中高一貫校に当たるのが「小中一貫型小・中学校」であろう。制度の中核が「施設一体型」であるのに、性格の全く異なる「分離型」を多数カウントして実数を多く見せているのは、小中一貫校も中高一貫校も共通している。

今後、「義務教育学校」についても同様に、中核となる施設一体型校以外に、多くの形骸化された分離型一貫校があることによって、トータルで校数がカウントされ拡大状況を全国にアピールしていくことになるのであろう。例えばすでに、二〇〇九年度に小中一貫教育の全市導入を公表した横浜市や八王子市などでは、制度の形骸化が見られるようになっている。統廃合対象であった数校が一貫校になった後は、小学校と中学校が連携活動を形式的に行う程度になっているケースが目立つ。

しかし、公立中高一貫校が、「高校入試の廃止」「経済格差に左右されない大学進学に有利な学校」といった国民の一定の教育要求を（たとえそれが制度導入のために「利用」されたものだったとしても）反映したものとしておそらく拡大したのに対し、小中一貫校の背景には、そのような国民的要求すら存在していない。過疎地に小規模校を存続させるための「苦肉の策」としての一貫校は〝広範な国民の教育要求〟とはいえないであろう。

また、〝中高一貫校〟の場合、教育課程を弾力化して大学受験向けのカリキュラムを提供できるメリットがあろうが、小中一貫校に同様なメリットがあることは明らかになっていないのではないだろうか。

2　制度化にいたるまで

小中一貫校が最初に登場するのは二〇〇〇年である。広島県呉市で文科省の研究開発学校制度を用いて呉中央学園がスタートした。一九九八年の学校教育法改正により、中等教育学校が法制化された直後で、全国で公立中高一貫校が開校している時期であった。

すでに九〇年代半ばから財界による教育の新自由主義的再編がスタートし、九五年の日本経営者連盟による「新時代の『日本的経営』」は、一括採用・終身雇用の日本型経営を見直し、「長期蓄積能力開発型グループ」「高度能力専門活用型グループ」および、使い勝手のよい安上がりな「柔軟雇用型グループ」の三グループに分け、下位グループを低コスト化させていく「人材」選別養成を提起した。これが東京都などの高校多様化政策を後押ししていくことになった。

一九九七年、文部省が「教育制度の複線化構造を進める観点」から導入すると公言した前述の「中等教育学校」は一九九八年に学校教育法改正によって制度化されることになった。その審議の中で結成されたばかりの民主党が「中高一貫教育の推進に関する法律案」（一二四二国会衆議院・法一四号・提案者・藤本修議員）を提出した。これは、すべての公立中学校と高校を一貫校にし、高校入試を全廃し高校無償化を図るという福祉国家的な発想によるものであった。高校入試を一切廃止し、地域の高校に無償で進学していきたい、高校を義務化してほしい、という国民の広範な要求を反映していたといえよう。しかし同法案は廃案となり、結果的には国会審議を経て、エリート校にしないために「学力試験」を課さない、など多くの付帯決議をつける形で「中等教育学校」が法制化されるに至った。

その直後の一九九九年に、経済界から、中高一貫校は一部に限定し、九年間の義務教育を一つにまとめて考えるべき、従って高校は義務化するべきではない、とする構想が提起される。社会経済生産性本部（現日本生産性本部）・社会政策問題特別委員会の報告書「選択・責任・連帯の教育改革――小学校の機能回復を目指して」は、九年間の義務教育と三年の高校を明確に区別して高校は義務化するべきではない、と提起したのだ。同報告は小・中は「基礎教育（人間が人間らしく生きていく）」、高校は「基本教育（日本社会の産業、経済、制度、科学技術、文化の基本学力を与える教育）」と別に位置づけ、後者の人材育成的な性格を強調した。実際に、文科省は中高一貫校には上限を設け、最大でも全国の主要な教育委員会の所在地に各一校、計五〇〇校程度を開設することを提起していた。

九〇年代後半から二〇〇〇年にかけての日本は、特に東京など都市部で製造業や小規模小売業などの衰退、そして都市部のサービス業、情報産業、金融、不動産、多国籍企業本社業務の集中など、産業構造の劇的な変化が加速している時期でもあった。まず、東京で製造業やサービス業人材を輩出していた工業高校や商業高校はスクラップされ、新たに「エリート人材」養成を筆頭に序列化された高校制度へと再編された。その中に、新たな中高一貫校も位置づけられた。「エリート人材」を支えるための大量の非エリート・低所得サービス労働人材が求められるようになるため、従来より教育課程の科目が少ないニュータイプの高校も開設された。いずれにせよ、すべての高校が均等な一定程度の学力を備えた人材を養成することは、経済の無駄遣い以外の何ものでもないとみなす発想が改革を貫いていた。

そのような時期に、広島県呉市では、九〇年代後半の市財政危機の中、学校種の異なる三小学校と一中学校を統合する必要性があり、その根拠付けのために小中一貫「四・三・二制」カリキュラムが開発された。

その際、①小五から子どもの自尊感情が低下するなど発達上の段差に対応したカリキュラム、②中学からいじめや不登校が増加することに対応した、いわゆる「中一ギャップ」の解消、さらに、③発達の早期化、の三点が導入理由として用いられた。

これらの導入理由のうち、例えば「自尊感情の低下」については、発達心理学の立場から、思春期には次第に低下していくのが正常な発達であり、また呉市のように五年生が特に段差になっているのは一般的な傾向ではないとの指摘もされている。さらに、後述するように「中一ギャップの解消」についても、その科学的根拠が薄いことが指摘されるようになっている。すなわち、中学進学時に段差があることによって生じるとされた不登校やいじめは、既に小学校段階から出現する傾向があったことが、国立教育政策研究所によって明らかにされている（第2章参照）。しかし、この時点で、学校種の異なる学校を統合する方途の先進的なアイディアとして、小中一貫教育は斬新なものであった。

二〇〇三〜〇四年、このアイディアを品川区、京都市、奈良市などが、教育内容を規制緩和できる教育特区制度を利用して取り入れることによって、小中一貫教育は飛躍的に拡大していくことになる。

それらの自治体にとって、学校統廃合を推進する方途として一貫校は有効だった。

その際、教育課程の規制緩和に乗じて当時の財界が求める教育内容が巧みにカリキュラムに盛り込まれていった。日本経団連の新ビジョン「活力と魅力あふれる日本をめざして」の策定委員だった小松郁夫氏は、これらの自治体で学校評価などに関わる委員を務めており、財界の求める教育内容を先取りするようなカリキュラムを導入していく役割を果たした。

多くの一貫カリキュラムの特色でもある小学校からの英語教育の拡大も、財界が求めるものだった。品川区では、従来の道徳、特別活動、総合の一部を一体化させた「市民科」が新設された。これはイギリスのシチズンシップ教育をモデルにしたものであるとされるが、実際には、小学校から、経済活動体験である企業参加による「スチューデントシティ」や「金融の仕組み」など経済活動学習を盛り込んだものになっていた。

このような財界の意向を反映した小中一貫カリキュラムの一例として、例えば原発を擁する自治体である青森県東通《ひがしどおり》村の東通学園における独自教科「東通科」はきわめて特徴的である。同学園は、一六小学校五中学校という多数の学校をすべて統廃合して二〇〇九年に開設された。豪華な校舎を新設し、スクールバスを多用している学校である。その「東通科」は、国のエネルギー政策を全面的に肯定して捉えた内容になっている。

このような小中一貫校拡大の動向を受け、二〇〇五年の中教審答申「新しい時代の義務教育を創造する」には「設置者の判断で九年制の義務教育学校を設置することの可能性やカリキュラム区分の弾力化など学校種間の連携・接続を改善するための仕組みについて検討」との文言が盛り込まれた。これは、委員だった若月秀夫品川区教育長の意見を反映させたものだったが、その後、ほとんどの自治体において一貫校導入の根拠文書として用いられるようになっていく。

翌二〇〇六年の教育基本法改正において、義務教育の年限に関わる文言などはすべて削除された。二〇〇七年の改正学校教育法では、それまで区分されていた小学校と中学校の「目的」「教育目標」などの条文が「義務教育」にまとめられた。同年、全国一斉学力テストがスタートし、競争的な環境をつくりだすことによって、公教育を序列的に再編していくための新自由主義教育改革の制度が出揃《でそろ》うことになる。このように、着々と小中一貫校法制化への布石は打たれていた。

新自由主義教育改革とは、財界の求める人材養成のために、効率的にエリート・非エリート選別を早期から行う公教育制度を確立していく、学力テスト、学校選択制、学校統廃合など一連の制度改革を総合的に捉えたものとする。ここでひとまず、教育基本法「改正」、全国学力テスト開始の二〇〇六〜〇七年をその「前期」と捉える。すなわち全国学力テストや地域限定ではあったが学校選択制など各制度が出揃った時期がそれにあたり、改革の障害物になる「福祉国家的制度が……破壊」（渡辺治）された時期と重なる。そしてその時期の改革先行自治体は、産業構造の転換がいち早く進んだ東京だった。しかし、政府や財界の意向にもかかわらず、学校選択制は東京など以外では拡大せず、二〇〇八年から見直し、廃止も始まった。そこで選択制によらない統廃合の方途として、小中一貫校が用いられるようになっていく。

グローバル人材養成のもとでの学校制度複線化、平成の学制大改革

二〇〇六〜〇七年頃までに確立した「前期」に対して、現在は、より積極的、包括的にグローバル企業を支援するための積極的な制度づくりが行われる「後期」としておこう。国が、学校制度や教育内容にダイレクトに手を突っ込んでくるような段階に入っているのが特徴的だと思われるからだ。

そして安倍政権が進める教育改革を、国民にアピールするように言い換えた「平成の学制大改革」の一つのパーツとして、小中一貫校は位置づけられることになっていく。

第一次安倍政権の失脚とその後民主党政権のもとで、新自由主義教育改革の方向性はやや停滞したかに見えた。しかしリーマンショックを経た二〇一〇年には、民主党政権下で閣議決定された「新成長戦略」で「グローバル人材」育成、「特定成長産業の指定」の方向性が示され、同年結成された、財務省の財務総合政策研究所「人材の育成・活用に関する研究会」は、「大学を頂点とする『単線型』から、義務教育終了時で職業教育に移行する経路を拡充することにより『複線型』に移行する」と学制改革の路線を提起していた。より一層細分化された人材が求められるようになった。

東日本大震災直後の一一年五月には、政府の新成長戦略実現会議のもとに経産、文科、外務、厚労などの関係閣僚を委員とする「グローバル人材育成推進会議」が設置され、翌月には日本経団連による「グローバル人材の育成に向けた提言」が公表された。その中で、大学教育の質の保証のための「高大接続テスト」の導入が提起されている。さらに同月に開始された中教審の第二次教育振興基本計画策定部会では、当初から「国際的な労働市場で必要とされる人材づくり」「人的資本」といった

文言が資料に盛り込まれ、一一月には「複線型」学校制度に向けた提起が行われた。

この改革路線は、二〇一一年に急展開したかに見える大阪の英米の改革をモデルにした新自由主義教育改革と直結していると思われる。教育学者の谷口聡は、大阪府がグローバル社会に対応した人材育成として「成長を支える基盤となる人材」と「国際競争を勝ち抜くハイエンド人材（高付加価値を創造する人材）」という二つの人材像を挙げ、後者に集中的に資源配分している点を、「〝選択と集中〟によってエリート人材の育成を図る」政策の実現と分析している。

そのような時期に、二〇一一年一一月から一二年六月に行われた中教審初等中等教育分科会・学校段階間の連携・接続等に関する作業部会（主査・小川正人放送大学教授）では、小中一貫校の法制化に向けた審議が行われた。しかし、最終報告で「義務教育学校」（仮称）法制化の提起は見送られ、委員の推進賛成・慎重の両論併記の報告書が出された。これは、推進派委員が「義務教育を一体的に捉え九年間で児童生徒の学力向上を図っていく」といった主張を行ったのに対し、慎重派委員たちは、①九年間同一の集団で学ぶことにより再チャレンジの機会がなくなる、②統廃合によって学びの場が失われる、③中一ギャップの解消、学力向上、コミュニティの活性化、小規模校の活性化が義務教育学校で実現できるとは思えない、④小学校からの複線化となるが、中高一貫校のように〝エリート校〟化する懸念があるのではないか、といった具体的な問題を挙げていたことの結果である。

すでに二〇〇九年頃から、複数の自治体が小中一貫教育全市導入を提唱していたが、制度化してターゲットとしていた統廃合を終えたら瞬く間に形骸化していた。また、この時期には各地で小中一貫校を用いた統廃合計画に対する保護者、市民による反対運動が紛争化していた。小中一貫校をバックアップする国民的要求は弱いものだった。

そのような「義務教育学校」に対する抵抗が押し切られ法制化が実現するようになるのは、安倍政権がその方向に向けて、首相の私的諮問機関である教育再生実行会議の提言を次々に打ち出していく時期以降となった。実は、二〇一二年の第二次安倍政権の成立直前、自民党の教育再生実行本部が教育改革の筆頭に「平成の学制改革」を置いていた。実行本部は一一月の「中間取りまとめ」において、「現在の単線型ではなく、多様な選択肢（複線型）」を可能とするため「六・三・三・四制の見直し」による「平成の学制大改革」を行い、まず「幼稚園・保育所・認定子ども園を活用して五歳児教育を義務化する」ことが提起された。

そして安倍政権発足後の二〇一三年六月一四日、政府の「日本再興戦略」、文科省の「教育振興基本計画」が同日に公表され、国家が重点的に支援する成長産業の特定（医療、健康、エネルギーなど）と「教育への投資が、真に教育力の向上、人材力の強化という成果につながるよう、効果的・効率的に投入されなければならない」ので「教育における多様性の尊重（学校体系の見直しを含む）」と「生涯学習社会の実現に向けた（六・三・三・四制の接続に代わる）縦の接続」という基本計画が打ち出された。グローバル社会における「エリート」と「非エリート」の養成に向け、分岐した学校制度と明確な教育内容が求められ、国が直接それを決定していくことが求められるようになったのだ。新自由主義教育改革「前期」の競争的環境を整える段階から、学校制度や教育内容を国が変えていく「後期」の段階が本格化したといえよう。

それを実現するための改革は、首相の私的諮問機関である教育再生実行会議の提言という形で提起され、それを中教審が受けて答申を出し国会審議で法制化されるという流れ作業のような手順で次々に進められていった。二〇一三年、教育再生実行会議第三次提言「これからの大学教育等の在り方について」、二〇一三年、同会議第四次提言「高等学校教育と大学との接続・大学入学者選抜の在り方について」に次いで、二〇一四年七月に第五次提言「今後の学制等の在り方について」が出された。その中で、小中一貫校、中卒後の五年制職業準備機関、そして五歳児義務化などの提起が行われた。

この提言の順番と同様に、おそらく財界、政府が「学制改革」で最も重視しているのは、①グローバル人材養成に向けた大学改革（グローバル型・ローカル型に分離し、前者に資源を集中したエリート養成に後者を職業準備機関に特化する）、であり、②後期中等教育の多様化、③初等中等教育改革、がそれに続くのであろう。そして、二〇一四年一二月の中教審答申であらためて「義務教育学校」法制化が提起されたのは、このような安倍「学制改革」の急展開を背景としたためであろう。

戦後教育改革の六・三・三・四制は、教育の機会均等原則を実現し、誰にでも平等な公教育を提供する単線型の学校体系であった。それに対して「平成の学制改革」は資料1－2に見るように初等段階から小学校と「義務教育学校」に分化していくものである。さらに、教育再生実行会議第五次提案で、中卒後五年間の職業準備機関の拡充が提起されている。これは従来の高校・大学に進学しない低所得層区向けの学校になることが予想される。また、二〇一四年以降法案化が進められている、不登校児童・生徒を対象とする「フリースクールなどでの多様な学びの支援」も六・三制を改革するものとして提起されている。しかし、これも、設置が可能となった「公設民営学校」などに市場を開くことにつながることが懸念される。一部の「エリートコース」以外は限りなく安上がりに、そして民間

資料1－2　義務教育学校を含む複線型学校体系

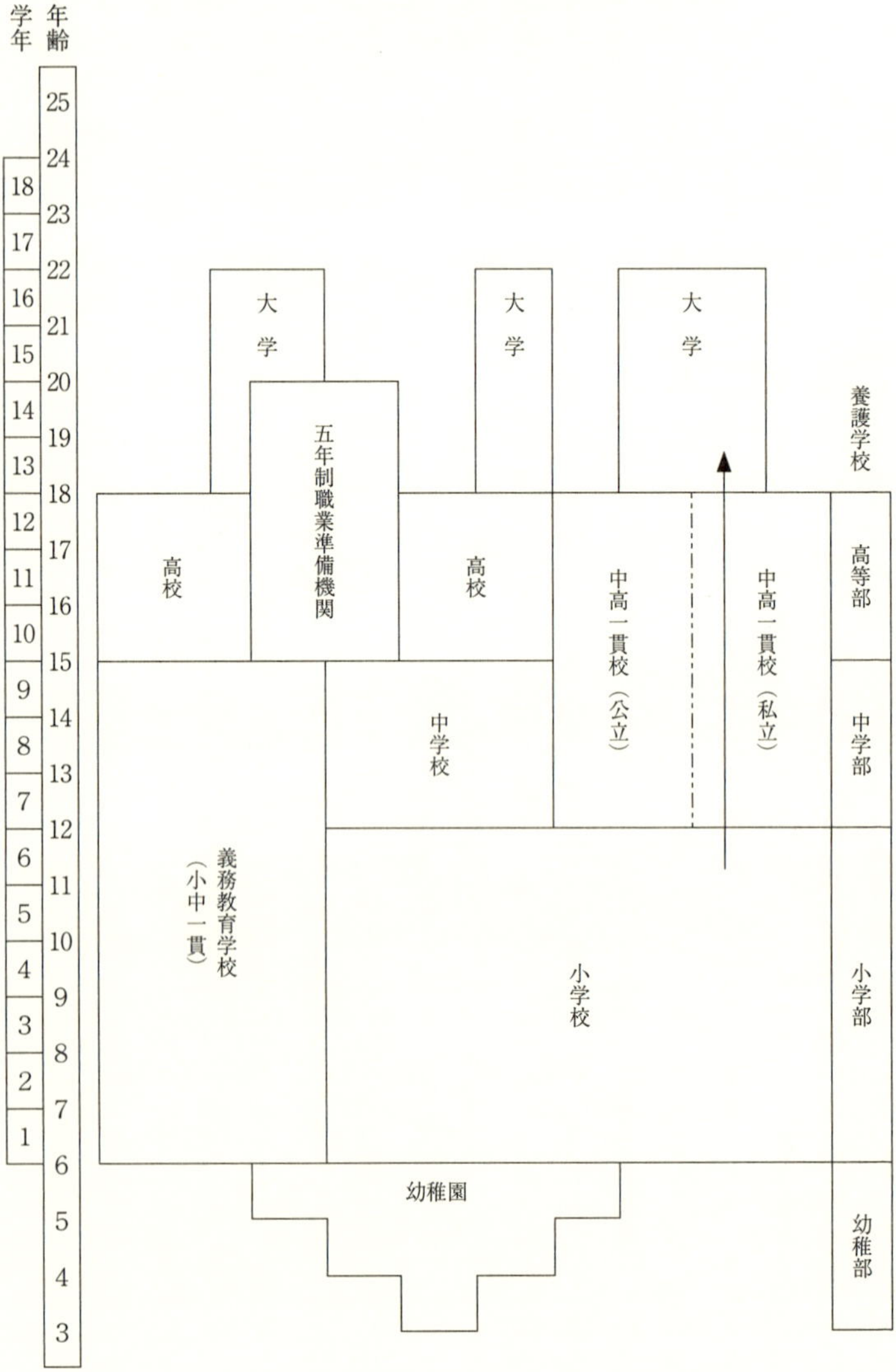

に委ねていくこともめざされる。

ただし、「グローバル・エリート」につながるような「エリートコース」本流は、現状と同様、東京など大都市部であれば六年制の小学校から中学受験を経て私立中高一貫校、大学へと進むコース（図中の矢印）が想定されていると考えられる。義務教育学校が前期六年、後期三年と制度設計されたのも、実質的な「エリートコース」としての中高一貫校への接続を配慮したものであることが推測される。それに対して、地域差や階層差などを配慮して、公立小中一貫校から高校、大学へと進学するコースも準備されるのであろう。高校入試を廃止し、教育課程の弾力化によって、いわゆる「前倒し」の大学受験準備に重点化する中高一貫校のメリットはわかりやすいが、小中一貫校のカリキュラム上のメリットはきわめて見えにくい。またその〝効果〟は実証されてもいない。

それらの点からも、小中一貫校はいわゆる〝エリート校〟としてではなく、大半はあくまで統廃合の方途として、大学および後期中等教育の「エリート」づくりに資源配分するための経費削減のための意味合いが大きいと思われる。「学制改革」の中でも中心的な、「グローバル人材」育成のための高等教育改革（具体的には大学の多様化）および、新しい五年制の職業準備機関などを含む後期中等教育改革を整備する予算を重点的に配分するために、小・中学校のさらなる統廃合が政策的に進められようとしているのだ。

二〇一五年一月に文科省が五八年ぶりに改定した学校統廃合の「手引き」（「公立小学校・中学校の適正配置・適正規模に関する手引き」）では単学級以下校の速やかな統廃合が提起され、従来の通学距離については「小学校四キロ、中学校六キロ以内」とされた統合基準に、スクールバスなどを利用した通学時間「概ね《おおむ》一時間以内」が追加された。財務省は、一二学級以下校の廃校で三〇〇億円、教職員を四〇〇〇人削減させることで八六億円を削減できると試算する。さらに総務省は、二〇一四年から「公共施設適正配置総合計画」の策定を市町村合併した自治体に求め、学校を含む公共施設の統合を促しており、それが地方では小中一貫化とつながっている。

3　小中一貫校の実態

実態調査から

二〇一四年の中教審答申では、小中一貫教育を導入するのかどうか、「義務教育学校」制度を導入するかしないかは自治体の任意とされている。そしてそのような多様性の確保（設置者の判断による柔軟な取り組み）が同制度のメリットでもあると指摘されている。しかし、実際には、導入に地域差があり、政策が大きく反映している。

資料1−3は、二〇一三年段階の全国の施設一体型小中一貫校（朝日新聞調査による。同一敷地内にあり小中一貫カリキュラムを使用している学校）一〇〇校と、二〇一五年段階の施設一体型小中一貫校（筆者が確認できたもの）一三二校の分布状況の比較である（なお、二〇一四年の国立教育政策研究所の調査では、施設一体型小中一貫校は一四八校であったが、うち一三二校しか確認できなかったものである）。また資料1－4は、その二〇一五年段階の施設一体型小中一貫校の一覧である。

二〇一三年では、一〇〇校の三分の二の三二校が九州地方に集中しており、宮崎（一一校）、佐賀（六校）、福岡（五校）などが多かった。九州は「道州制に最も近い」といわれ、「選択と集中」の名目のもとに統廃合によって活力のなくなった地域が切り捨てられている。宮崎ではTPPの影響が懸念され畜産業などが盛んな地域の学校が統廃合されて一貫校になっている傾向が見られる。

また、先行自治体である品川区で六校が開設されている東京（一八校）を中心とした関東が二三校と続き、大阪（五校）、京都（六校）が先行する近畿がそれに続く。それに対して、山陽地方は、一貫校発祥の広島県（九校）のみである。

資料1－3　施設一体型小中一貫校(2013年度)

	2013年度	2015年度
北海道	0	0
東北	6	9
関東	24	26
甲信越	2	5
東海	4	6
北陸	1	1
近畿	15	23
山陰	3	3
山陽	9（広島のみ）	9
四国	4	9
九州	32	41

朝日新聞社調査(2013年10月)および筆者による調査

それに対して、二〇一五年では、全体的に三二校増加しているが、近畿、四国、九州などの西日本で大幅に校数が増加しているのがわかる。自治体別に見ると、特に愛媛県、高知県、大阪府などの増加が特徴的である。また、四国、九州の自治体では、統合された小規模校が特に多い。

他方、都道府県別の廃校数（文科省調査、二〇〇二～二〇一三年の廃校総数）をみてみると、廃校数が最も多いのは北海道であり、東

資料1－4　施設一体型小中一貫校

地方	都道府県	学校名	児童・生徒数
東北	青森県	むつ市立川内小学校・川内中学校	263
	青森県	三戸町立三戸小学校・斗川小学校・三戸中学校	712
	青森県	東通村立東通小学校・東通中学校	499
	岩手県	大槌市立大槌小中学校	670
	宮城県	栗原市立金成小中学校	460
	宮城県	登米市立豊里小学校・豊里中学校	533
	山形県	新庄市立萩野学園	435
	福島県	福島県郡山市立湖南小・中学校	198
	福島県	檜枝岐村立檜枝岐小・中学校	57
関東	茨城県	水戸市立国田小中学校	275
	茨城県	つくば市立春日小学校・春日中学校	900
	千葉県	鴨川市立長狭学園	306
	千葉県	市原市立加茂学園	260
	埼玉県	坂戸市立城内学園	281
	横浜市	横浜市立霧が丘小中学校	1000
	横浜市	横浜市立西金沢小中学校	580
	港区	港区立小中一貫教育校お台場学園港陽小・中学校	380
	葛飾区	葛飾区立新小岩学園	701
	葛飾区	葛飾区立高砂けやき学園	710
	品川区	品川区立小中一貫校日野学園	966
	品川区	品川区立小中一貫校伊藤学園	1126
	品川区	品川区立小中一貫校八潮学園	709
	品川区	品川区立小中一貫校荏原平塚学園	470
	品川区	品川区立小中一貫校品川学園	830
	品川区	品川区立小中一貫校豊葉の杜学園	1400
	渋谷区	渋谷区立渋谷本町学園	520
	杉並区	杉並区立和泉小中学校	424
	練馬区	練馬区立小中一貫教育校大泉桜学園	600
	足立区	足立区立新田学園	540
	八王子市	八王子市立みなみ野小中学校	570
	八王子市	八王子市立加住小中学校	340
	八王子市	八王子市立館小中学校	400
	八王子市	八王子市立いずみの森小中学校	800
	町田市	町田市立小中一貫ゆくのき学園	200

関東	武蔵村山市	武蔵村山市立小中一貫校村山学園	650
甲信越	新潟県	三条市立　第１中学校・嵐南小学校	1400
	新潟県	三条市立一ノ木戸小学校、三条市立第二中学校	1005
	新潟県	湯沢町立湯沢学園	505
	長野県	信濃町立信濃小中学校	621
	長野県	大町市立美麻学園	90
東海	岐阜県	白川村立白川小学校・白川村立白川中学校	167
	愛知県	飛島村立小中一貫教育校飛島学園（飛島小学校・飛島中学校）	380
	静岡県	沼津市立静浦小中学校	280
	静岡県	浜松市立庄内学園	600
	静岡県	浜松市立引佐北部小中学校（引佐北部小学校・引佐北部中）	111
	名古屋市	名古屋市立笹島小、中学校	206
北陸	石川県	珠洲市立宝立小中学校	102
近畿	京都府	宇治市立宇治黄檗学園	1155
	京都府	福知山市立夜久野学園	204
	大阪府	箕面市立とどろみの森学園	125
	大阪府	箕面市立彩都の丘学園	505
	大阪府	貝塚市立第五中学校・貝塚市立二色小学校	567
	大阪府	柏原市立堅上中学校・柏原市立堅上小学校	132
	大阪府	池田市立ほそごう学園	540
	滋賀県	高島市立高島学園（高島小・中学校）	570
	奈良県	奈良市立田原小中学校	100
	奈良県	奈良市立富雄第三小中学校	658
	奈良県	御所市立葛小中学校	126
	兵庫県	高砂市高砂けやき学園	630
	兵庫県	姫路市立白鷺小中学校	910
	堺市	堺市立さつき野学園	370
	堺市	堺市立大泉学園	298
	京都市	京都市立花背小・中学校	29
	京都市	京都市立京都大原学院（大原小・中学校）	85
	京都市	京都市立東山開睛館（開睛小・中学校）	800
	京都市	京都市立凌風学園（凌風小・中学校）	820
	大阪市	大阪市立いまみや小中一貫校（新今宮小学校、今宮中学校）	450
	大阪市	大阪市立むくのき学園（啓発小学校、中島中学校	367

近畿	大阪市	大阪市立やたなか小中一貫校（矢田南中学校・矢田小学校）	316
	神戸市	神戸市立満島小中一貫校	780
山陰	鳥取県	鳥取市立湖南学園小学校・湖南学園中学校	146
	鳥取県	若桜町立若桜学園小学校・若桜学園中学校	171
	島根県	八束町立八束学園	320
山陽	広島県	呉市立呉中央小学校・呉中央中学校	730
	広島県	呉市立警固屋小学校・警固屋中学校	208
	広島県	呉市立広南小・中学校	189
	広島県	呉市立倉橋小学校・倉橋中学校	188
	広島県	大竹市立小方小学校・小方中学校	587
	広島県	廿日市市立宮島学園（宮島小学校・宮島中学校）	94
	広島県	廿日市市立まなびの森吉和学園（吉和小学校、吉和中学校）	40
	広島県	府中市立府中学園（府中小学校・府中中学校）	1059
	広島県	府中市立府中明郷学園（府中明郷小学校・府中明郷中学校）	342
四国	香川県	高松市立高松第一学園（高松第一小学校・高松市立高松第一中学校）	1100
	愛媛県	松山市立日浦小中学校	72
	愛媛県	鬼北町立日吉小中学校	100
	愛媛県	四国中央市立新宮小中学校	48
	高知県	土佐町立土佐町小・中学校	140
	高知県	宿毛市愛媛県南宇和郡愛南町篠山小中学校組合立篠山小学校・中学校	32
	高知県	馬路村立魚梁瀬小中学校	17
	高知県	大川村立大川小中学校	34
	高知県	梼原町立梼原学園（梼原小・中学校）	46
九州	福岡県	宗像市立大島小学校・中学校	150
	福岡県	東峰村立東峰学園（東峰小学校、東峰中学校）	230
	福岡県	八女市立上陽北汭（ぜい）学園（上陽北汭学園小学校、上陽北汭学園中学校）	193
	福岡県	飯塚市立小中一貫校頴田校	170
	佐賀県	佐賀市立小中一貫校芙蓉校	53
	佐賀県	佐賀市立小中一貫校北山校	190
	佐賀県	佐賀市立小中一貫校三瀬校	124
	佐賀県	佐賀市立小中一貫校松梅校	70
	佐賀県	唐津市立小川小中学校	28

九州	佐賀県	唐津市立七山小中学校	188
	佐賀県	多久市立中央小学校・多久市立中央中学校	1007
	佐賀県	多久市立東部小学校・多久市立東部中学校	369
	佐賀県	多久市立西渓小学校・多久市立西渓中学校	328
	佐賀県	大町町立大町ひじり学園	400
	長崎県	五島市立奈留小・中学校	98
	長崎県	小値賀町立小値賀小・中学校	150
	大分県	豊後高田市立都甲小・中一貫校戴星学園	157
	大分県	日田市立大明小学校・大明中学校	250
	宮崎県	日向市立平岩小学校・岩脇中学校	310
	宮崎県	日南市立北郷小学校・北郷中学校	21
	宮崎県	都城市立笛水小学校・笛水中学校	52
	宮崎県	日南市立鵜戸小学校・鵜戸中学校	192
	宮崎県	日向市立東郷小学校・東郷中学校	132
	宮崎県	美郷町立南郷学園	362
	宮崎県	日向市立大王谷学園	1042
	宮崎県	新富町立新田小学校・新田中学校	248
	宮崎県	西都市立銀上小学校・銀鏡中学校	161
	宮崎県	西都市立三財小学校・三財中学校	266
	宮崎県	西都市立三納小学校・三納中学校	154
	鹿児島県	鹿児島市立錫山学園	40
	鹿児島県	南さつま市立坊津学園小学校・坊津学園中学校	35
	鹿児島県	長島町立獅子島小学校・獅子島中学校	215
	鹿児島県	鹿屋市立花岡小学校・花岡中学校	328
	熊本県	熊本市立富合中学校・熊本市立富合小学校	810
	熊本県	宇城市立豊野小学校・豊野中学校	117
	熊本県	産山村立産山小学校・産山中学校	561
	熊本県	八代市立泉中学校・八代市立泉小学校（いずみ学園）	105
	熊本県	和水町三加和中学校・和水町立三加和小学校	263
	熊本県	宇土市立網田中学校・宇土市立網田小学校	167
	熊本県	小国町立小国小学校・小国中学校	540
	沖縄県	名護市立緑風学園	154

※生徒数の確認年度は異なる

京、岩手、熊本、新潟と続いている。しかし、北海道には二〇一三年時点で一貫校は開校されておらず、廃校数が多い自治体が必ずしも小中一貫校制度を導入しているわけではないことがわかる。小中一貫校は統廃合の方途とされるが、それを利用するかどうかは政策的な決定なのだ。

さらに近畿地方では今後、二〇一一年頃から新自由主義教育改革が急速に進む大阪府下の多くの自治体が「義務教育学校」法制化に参入することが予想される。大阪市内では二〇一二年から三校の施設一体型一貫校が多額の予算をかけて開校され、「グローバル人材」養成を前面に掲げ、市内全域からの入学を可能にするなど、一般小学校との区別化が進められている。その際、同和地域の学校を先行例とするケースが見られるが、同様の施策は北九州市の小中一貫校計画などにも見られる。さらに、国家戦略特区において国際バカロレアを取得する中高一貫校を公設民営学校として開設する計画などエリート養成を進める一方で、コスト削減のため市内の幼稚園、学校の統廃合を計画している。また、東日本大震災後、被災した地域の学校の統廃合が急増している東北地域でも岩手県大槌町、宮城県名取市などで被災した学校を一校にまとめる形で新たな小中一貫校が開設されつつある。

次に一貫校の規模を見ると、約半数の五八校が児童生徒数二七〇名以下の、ほぼ一学年一学級校であり、地域的には過疎地の小規模な小学校と中学校を統合したケースが圧倒的に多いことがわかる。都市部などに一〇〇〇人規模の大規模校もあるが校数は約二〇校で、残りの多数は小規模校である。統廃合によって地域から学校がなくなるよりも、小中一貫校にして地域に学校を存続させる、という選択を保護者や住民が強いられたというケース（東京都町田市、京都府福知山市など）も複数ある。スクールバスなどを用いて複数の小学校と中学校を統合したものはきわめて多い。なお、小・中学校が同一校舎、同一教員組織であるものの、一貫カリキュラムを用いない「小中併置校」は、従来から過疎地の小規模校として存在されている。

統廃合と一貫校の関係については、朝日新聞調査によると、一〇〇校中五二校が「学校統廃合の中で計画」と回答している。過疎地の自治体が、「町づくり（町おこし）の核として」小中一貫校を設置したケースも目立つ。大阪府箕面市など、小規模校ながら企業が参入してPFI（プライベート・ファイナンス・イニシアチヴ。公共施設の設計、運営に民間資金のノウハウを使い、公共サービスの提供を民間主導で行う）を用いた大規模な開発事業として行い、児童生徒数が増えているケースもある。

他方、統廃合ではなく、開発されたばかりのベッドタウン、ニュータウンなどで、児童生徒数の急増に対応して、小学校と中学校を併設したものが一貫校とされるケースもある。その際、当初の児童生徒数が減少していくことを見越して、学年のピークが移行しても収容できるように一貫校にすることが理由として挙げられている。また、普通の小・中学校との差異化を図るという意味で、一〇〇校のうち七二校が特別な名称や愛称を持つ学校となっており、うち五六校が「学園」という名称を用いている。

意義及び課題

法制化の直前、二〇一四年一二月に公表された中教審答申「子供の発達や学習者の意欲・能力等に応じた柔軟かつ効果的な教育システムの構築について」では、小中一貫校の「意義」として、教育主体、教育活動および学校マネジメントの「一貫性の確保」といった点が挙げられた。しかし、それら

資料1－5　小中一貫校の目的

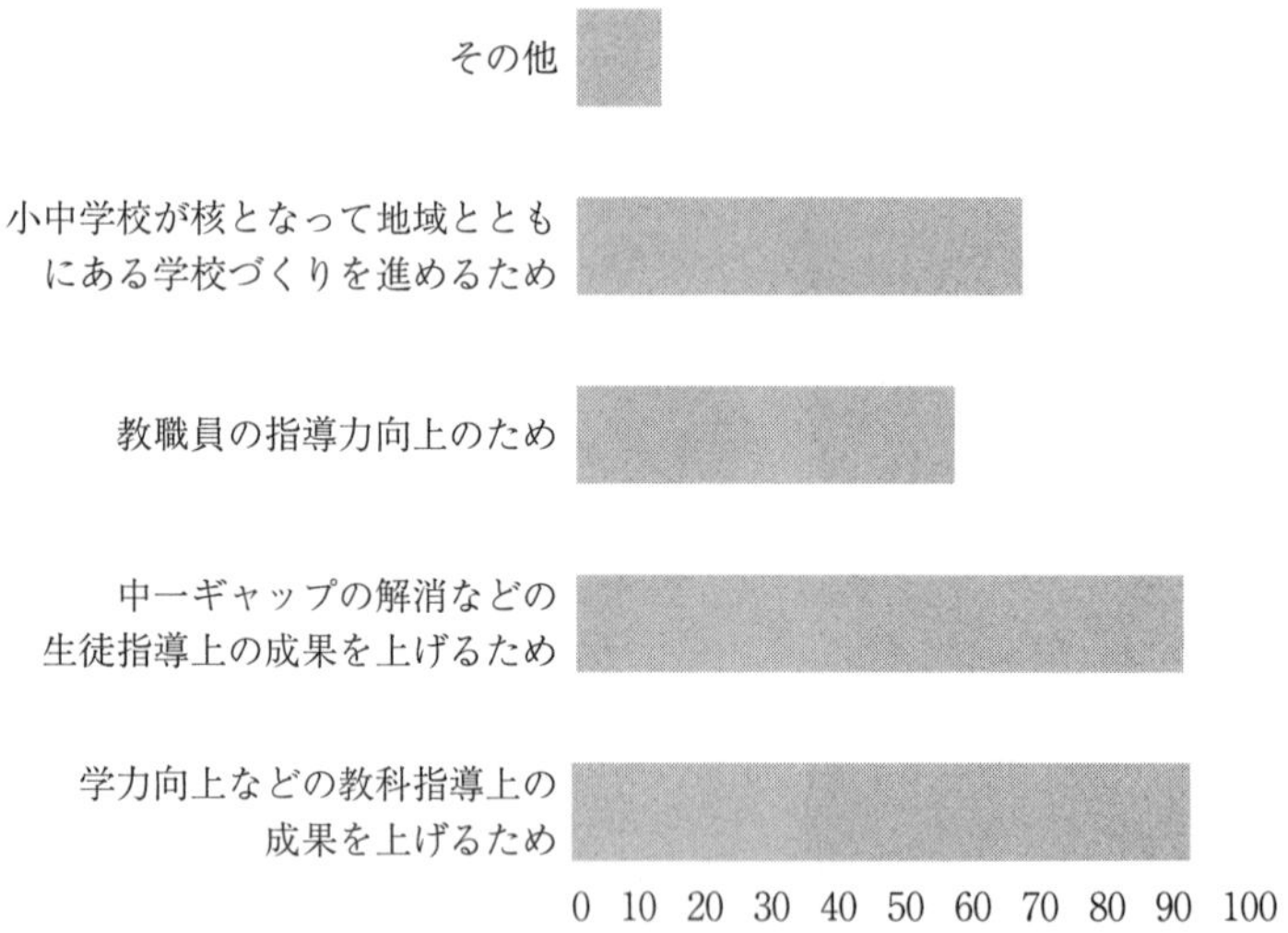

（資料）朝日新聞社　2013年

は組織が同一になることによって当然ある程度もたらされる特徴であると思われる。他方、課題として、「人間関係の固定化」「転入出への対応」「小学校高学年におけるリーダー性育成」「中学校の生徒指導上の問題の小学校への影響」といった既に開校した一貫校で問題化している点が挙げられている。

朝日新聞調査では、各学校長が答えた「小中一貫教育の目的」として、資料1－5に見るように複数の分野で総花的に挙げられており、中教審答申の「意義」とはややずれがあるものとなっている。「学力向上などの教科指導上の成果を上げるため」（九一校）と「中一ギャップの解消などの生徒指導上の成果を上げるため」（九〇校）がほぼ同数であった。第三位は「地域とともにある学校づくり」とコミュニティスクールに対応した理由が挙げられていた。

また、同調査による小中一貫教育の「成果」は、九四校が「成果を感じている」と答えている。また、文科省調査も八五パーセントが「成果あり」と回答している。しかし朝日新聞調査の「成果あり」の自由記述による理由は分岐しており、「小中教員が同じ職員室で話し合い、教材研究を深めることで学力向上につながった」、「中学生が小学生を思いやる」「中一ギャップの解消」など、特に集中する回答は見られなかった。

それに対して、「課題あり」と回答しているのは八六校、文科省調査では八四パーセントだった。その理由は、小・中の接続部に当たる「六・七年生」の問題が多く挙げられた。すなわち「六・七年生が一番の課題。教職員、児童ともにとまどいを見せる」「小六がリーダーの役割を発揮できない」「七年生が中学生としての自覚を持たせる工夫が必要」など、子どもに関わる接続部の制度的課題があることを推測させる回答が目立つ。また、教員の問題に関して「小中間の壁の高さ」「多忙化」といった理由が複数見られる。

この「接続部」の問題に関して、首都圏の一貫校では、中学校から私立・国立中学を受験する層が一定程度存在するため、中学入学時に一定層が入れ替わる現象が起きている。品川区などでは五〇パーセント以上の生徒が七年生（中学一年）時で入れ替わるため、七年生の生徒指導に困難を抱えるケースも出現している。また、一貫校の開校当初から従来であれば学校のリーダーとして学校行事などで活躍できる小五、六年の活躍の場が保障されない、むしろ中学校文化の前倒しにより、早くから管理主義、競争主義の文化にさらされ、その時期の発達課題がクリアできないといった批判も見られる。従来であれば、初等教育と中等教育という異なった発達段階の教育を同一制度で実施することの問題点についての検証が不十分であることは確かであろう。

各地での統廃合に反対する紛争

すでに小中一貫校制度の開始当初から、それに伴う学校統廃合に対して、保護者、地域住民、教職員などによる反対運動が起きている。

二〇〇六年、全国初の施設一体型小中一貫校、東京都品川区日野学園開設の際に、住宅街の日野中学を山手線駅に近い第二日野小学校に移転統合する計画に、中学校保護者区民らが反対運動を起こしている。繁華街を抜け長時間かかる通学や設置場所に対する不安が大きかった。しかし、駅周辺の再開発事業に組み込まれ、議会への働きかけにまで発展した運動が押し切られる形で、結果的に多額の予算をかけ一般校との差異化を図った大規模一貫校が開設された。

横浜市や京都市など大都市による小中一貫教育全市導入の公表が続いた二〇〇九～一〇年は、全国で統廃合反対運動が起きた。特に大阪府下の自治体では、運動により開設を阻止したケースも多い（第9章参照）。その最も大規模なものは、新潟県三条市において、二〇〇六年に市長に選出された総務省出身の国定勇人氏が、翌年計画した三小学校一中学校を統合した一五〇〇人の全国最大規模の一貫校計画に対する市全体を巻き込む反対運動であった。保護者、市民、教職員の運動に、地場産業である金属化工業の多くの経営者らが参加し大規模な紛争となった。地域財界が反対したのは、小中一貫校建設の設計事務所選定に関わる疑惑がきっかけであったが、「地域の子どもたちや教育を守る」という動機も存在していた。

東北地方では、過疎地の小規模校の統廃合をめぐる紛争が多く見られる。早い段階から宮城県栗原市、東松島市、福島県矢祭町などで、首長がトップダウンで推進しようとする一貫校計画に住民らを中心に反対運動が起きた。五小学校一中学校を統合する計画が出た栗原市金成地区では、最も遠い小学校からは片道一五キロメートルをスクールバスで通学することになる。地域住民、退職教員らが反対運動を起こしたが、「小学校から英語ができ〝勝ち組〟になる」「小規模校では子どもがかわいそう」といった行政の宣伝に、保護者による運動を組織することができなかった。

それに対し、矢祭町では市町村合併を住民投票で阻止した新住民らの反対により、また東松島市では住民投票により一貫校導入は阻止され、それぞれ小学校の統合のみを行うことになった。

統廃合に伴う跡地利用をめぐる紛争が京都市などで新たな争点となっている。様々な形で企業に新たな市場を創設するのは新自由主義教育改革の特徴であるが、学校跡地の民間への売却や再開発はその典型であろう。

4　アメリカのケースから見えるもの

それでは、諸外国では小中一貫校制度はこのように用いられているのだろうか。日本が新自由主義教育改革のモデルとしているアメリカにおけるいくつかの市の制度化の状況を概観してみたい。

資料1－6　デトロイト市における公立学校数の推移（2003年および2013年）

学校種別	2003年	2013年
初等教育のみの学校	125校	16校
初等教育に中学校を加えた学校 小中一貫校	30校	46校
中学校 （ミドルスクール）	30校	1校
公立学校数全体	266校	97校

（資料）デトロイト市公立学校ハンドブック（2003）およびDPSのHPより筆者が作成

アメリカは二〇〇二年のブッシュ大統領による「一人の子どもも落ちこぼさない法律（NCLB法）」によって、学力テスト結果（年度ごとの適性進捗率に到達したか否か）に応じた学校への報酬とペナルティが科され、学力テストによる学校支配が強化されてきた。それは到達しなかった年数が重なるのに対応して、学校に「代替的な学力向上サービスの提供」「学力の高い他校への転校措置」（ともに二年目）、「学校教師全体の入れ替え」（四年目）、さらには「公立学校のチャータースクール化」「民間企業への経営委託」「市の手を離れ、州による直接的な学校運営への移行」（五年目）と段階的に厳しくなるペナルティを科すようになっている。そのため、多くの自治体で、達成率が上がらないことを理由にしたペナルティとしての閉校、統廃合、チャータースクールへの移行が行われた。それは、貧困地域の学校をターゲットにすることが多かった。

全米で最大規模の統廃合は、二〇〇八年ミシガン州デトロイト市で行われた一度に七二校を廃校にしたものであった。同市の廃校措置はそれ以前から徐々に行われ現在も続いている。デトロイト市は自動車産業を擁する工業都市であったが、産業空洞化などにより財政状況が悪化したこともあり二〇一三年に州から財政破綻を宣告されている。資料1－6は、二〇〇三年度と二〇一三年度のデトロイト市の公立学校（高校と特別支援学校を含む）の校数の比較である。

二〇〇三年に二六六校あった公立学校が二〇一三年には三分の一強の九七校にまで減少している。その内訳を見ると、小学校は一二五校が一六校に、中学校（ミドルスクール）は三〇校が一校になっている。それに代わって小中一貫校（Elementary Middle School　キンダーガーテンかプレキンダーガーテンから八年生までを収容する）は、三〇校から四六校に増加しているのがわかる。小学校か中学校どちらかに地域の学校を集めて一貫校化することで短期間に多くの学校を廃校にできるのだ。また一貫校になった学校は、以前と敷地や施設が変わらないところに多くの生徒を受け入れ、過密・大規模校になっている例が見受けられる。

デトロイト市自体、九六パーセントがアフリカ系アメリカ人によって構成されているが、それらの学校はほとんどマイノリティが住む貧困地域にある。さらに、キンダーガーテン（五歳児からのクラス）から一四年生（日本では短大に該当するコミュニティカレッジ）までを同一施設に収容した学校も出現しており、施設を減らして多くの学年を「収容」することによって、経費削減を行っていることが顕著である。特別支援学校も統合を続けた結果、市内に二校のみとなって、一部の保護者は、遠距離のスクールバスによる通学の不便さを訴えている。

しかし、デトロイト市のように全てが切り捨ての対象になる市と異なり、経済政策が成功している市では、平等な教育制度を壊して選別的な人材養成を行う必要性から、学校制度の複線化が進められている。そのような都市の典型であり、「グローバルシテイ」として多くの多国籍企業の本社などを擁するシカゴ市では、一九八〇~九〇年代以降の産業構造の転換に伴い、エリート層と非エリート層の教育を分離する改革が進められてきた。非エリート層の学校を統廃合し、公設民営のチャータースクールに新たな市場を拡大していく教育改革が、一九九五年のシカゴ学校教育法制定以降、急速に進んでいる。その中で特に、貧困地域の小学校、中学校を統合する際に、小中一貫校(キンダーガーテンから八年生までを収容するK─八学校)への移行が用いられてきた経緯がある。

従来、シカゴ市の主たる産業だった製造業、食品加工業などで働いていた黒人、ヒスパニックなどの多くのマイノリティ(市人口の八割以上を占める)には、一定程度の学力保障が必要とされてきた。しかしながら、産業構造の転換に応じて、そのような製造業は姿を消し、彼らには多国籍企業、情報、不動産、金融、ツーリズムなどの大企業で働くエリート層を支え補助する「非エリート部門」の低所得サービス労働につくことが求められるようになった。そのためには「八年生(中二)程度の学力」と「従順な態度」があれば充分とされた。彼らの通う中学・高校は、教育内容の科目が削られ徹底したコスト削減の対象となっていった。

シカゴ市教育長(CEO)に就任し後に連邦教育長官になるアーン・ダンカンは、二〇〇四年「ルネサンス二〇一〇」という教育改革計画を公表した。それは、学力テストの低い学校を閉校に追い込みチャータースクールに移行しようとするものであった。学校閉鎖(School Closing)、統合(Consolidation)、募集停止(Fade out)、ニュータイプの学校への移行(Conversion)といった様々な手法による公立学校の再編が継続的に行われていった。その中で、地域に学区を持つ一般的な学校であ

資料１－７　シカゴ市公立小学校の多様化（2013－14年度）

	校数	生徒数	対象学年	小中一貫（K—８）の比率	学区	入学試験
近隣学校	295	多様・大規模が多い	K—８、PK—８がほとんど	約93％	○	×
スモールスクール	13	基準は350人以下、それ以上も有り	K—８、PK—８がほとんど	約93％	○	×
チャータースクール（公設民営学校）	53	多様	多様 K—８が多い	約74％	×	× 多い場合抽選
コントラクトスクール	3	400人前後	K—５など	0％	×	× 抽選
クラシカルスクール	5	200人前後	K—６がほとんど	20％（１校のみ）	×	○ 学力試験
スペシャルスクール（障害のある生徒の学校）	6	100～300人程度	多様 障害に応じて分ける	0％	×	×

（資料）CPSのHPより筆者が作成

る「近隣学校」は、小中一貫校へと次第に改革されていった。そして二〇一二年には五〇校を廃校にするという全米第二の規模の統廃合計画が公表され、広範な反対運動の中、結果的に四七校が廃校に追い込まれた。

資料１－７は、二〇一三～一四年度のシカゴ市における初等教育の多様化を示したものである。公立の近隣学校が二九五校であるのに対し、チャータースクールは五三校となっている。そして近隣学校は九割以上がキンダーから八年生までの小中一貫校になっており、児童生徒数が多い学校が多い。特に統廃合を経て児童生徒を受け入れた「レシーブド・スクール」は大規模な過密校になっているケースが多く、教師たちは統合後の子どもたちの混乱について指摘している。

それに対して、近年「クラシカルスクール」という、新しいタイプの小学校が五校新設されている。それらは、市内全域を学区とし入学試験を課して高度な教育内容のプログラムを行う、いわば〝エリート校〟に位置づけられる。それらの学校の児童生徒数は少なく、平均すると二〇〇名程度であり、収容学年もキンダーガーテンから五・六年生までと、伝統的な初等教育の学校になっている。シカゴ市においては、小中一貫校は、単なる統合と大規模収容の方途に過ぎないようだ。逆に、日本で小中一貫校が〝エリート校〟として宣伝されることの検証が必要と思われる。

このシカゴでは、二〇一二年に計画された大規模な学校統廃合に反対する市民の協同と、序列化を正当化し、低成績の学校にはペナルティを科す過度な学力テストへの保護者の反対運動が、シカゴ教員組合の教師たちのリードによって結び付けられ拡大していった。教員組合の中のチーム（Caucus of the the Rank-and-File Educators）が二〇〇八年頃から新自由主義についての学習会を開始し、組合の主導権を握っていったことが大きな意味を持った。やがて、学習会は保護者や市民を巻き込み、それによって彼らが新自由主義の全体像をとらえ、学テ反対、学校統廃合反対の個別の論点を超えて教師たちと連携していくことが可能となった（山本〔2015〕）。

他方で、アメリカ国内でも状況が全く異なる地域もある。デトロイトやシカゴは、市長に多くの権限を集中させ、教育委員会の権限を委譲させた「市長統制」の改革が行われた代表的な市である。教育委員の選挙が行われないため、住民の意向がダイレクトに教育行政に伝わりづらい。それに対して、アメリカの自治体の九六パーセントは公選制の教育委員会を擁している。その一つ、人口で全米第八の規模であるカリフォルニア州サンディエゴ市では、全く異なったタイプの小中一貫校（K—八学校）

が存在する。従来であれば、中学校（ミドルスクール）に進学する七、八年生を小学校と同一敷地内の施設に留めおくK—八学校が七校開設されているのだ。

これは、一般に大規模で生徒の安全面などにおいても課題の多い中学校（ミドルスクール）へ子どもを進学させるのを避け、地域の小学校で継続的に少人数指導を受けさせたいという保護者、地域住民の要求を受けて、草の根運動によってできた学校であったという。ただし、財政的に市の負担が大きく、保護者からの希望があっても開校するには困難が多いと、あるK—八学校の校長は述べている。それゆえに校数を増やすことは難しいという。このサンディエゴの小中一貫校は、日本で政策的に進められている一貫校制度とは異なるものであると思われるが、地域ぐるみで小学校と中学校が連携しながら学校の在り方を考えるヒントを提供しているようだ。

このように、都市によって大きく状況は変わるが、グローバル都市として産業構造の変化に対応した人材養成を進めるための多様化の中の一貫校、統廃合というシカゴの政策的意図は日本に近いものであると思われる。だとしたら、その対抗軸となる教職員と市民の協同に学ぶことはきわめて重要であろう。

5　対抗軸としての地域

法制化によって多くの「義務教育学校」が導入されることが懸念される大阪では、大阪市など都市部では、伝統的にコミュニティと学校の連携が強く、貧困を背景にした不登校や子どもたちのケアなどの問題に、地域や民間の団体がコミットしてきた歴史も持つ。学校選択制の導入や分断を進める新自由主義教育改革に対して、大阪で地域の子どもたちを守る市民による共同関係の対抗軸が形成されることが期待される。

しかし、小中一貫校推進側も同様に地域に着目している。教育再生実行会議第六次提言「学び続ける社会、全員参加型社会、地方創生を実現する教育の在り方について」では、全学校をコミュニティスクール化し学校運営協議会を設置することが提起された。例えばコミュニティスクールの先進都市の京都市では、教育委員会に任命された学校運営協議会の委員たちが、トップダウンで降りてくる施策を下支えする役割を担っている。こうしたあり方を想定してのことではないだろうか。

また、歴史的に学校と地域との結びつきが深く、統廃合に抵抗が強かった長野県において、コミュニティスクール導入を小中一貫校による統廃合の地ならしにするような手法が導入されている。すなわち、あらかじめ「地域と連携した学校づくり」として中学校区単位のコミュニティスクールを設置し、保護者や住民が学校に関わる様々な活動を重ねた後で、実質的な統廃合である小中一貫校に移行するというものである。学校を充実させようとする彼らの努力が地域の学校を廃止する方向に仕向けられる。

五八年ぶりに出された文科省による統廃合の「手引き」において、後半の「小規模校を存続させる場合の教育の充実」などの章において、小規模校であるからと機械的に廃校にせず、地域に学校を残す方法について展開されている。そこでは、「小規模校のまま存続させることが必要と判断される所」として、四つのケースの一つに、「学校を当該地域コミュニティの存続や発展の中核的な施設と位置づけ、地域を挙げてその充実を図ることを希望する場合」との記載がある。

これは多くの地域に該当する項目であろう。そして、小規模校の「デメリット緩和策」が具体的に挙げられ、山村・農村留学、いわゆる小規模特認校制度（都会の不登校児童生徒などを受け入れる）の活用や、少子化によりいったん学校の機能を停止しても将来学校を再開できる「休校」制度の活用など、地域に学校を残す方途について多く記載されている。むしろこの部分を生かして、いかに地域に学校を残すかの「手引き」として活用されることを期待する。

引用文献
国立教育政策研究所（２０１４）リーフレット「『中一ギャップ』の真実」
渡辺治、岡田知弘、後藤道夫、二宮厚美（２０１４）『大国への執念――安倍政権と日本の危機』大

月書店
谷口聡（2012）「現代における教育条件整備解体の枠組みと手法——一九八〇年代半ばから現在」、世取山洋介『公教育の無償性を実現する』大月書店
朝日新聞調査（2013）朝日新聞二〇一三年一〇月二八日付
山本由美（2015）『教育改革はアメリカの失敗を追いかける——学力テスト、小中一貫、学校統廃合の全体像』花伝社

第二部　小中一貫教育をどう見るか

——子どもの発達から考えるその実態

第2章　全国アンケート調査結果から見た小中一貫教育

1　全国アンケート調査が明らかにしたこと

小中一貫校で学ぶ子どもたち

小中一貫教育を行う学校が、広島県呉市に開校されたのは二〇〇〇年のことである。この最初の小中一貫校は、文部省（当時）の教育開発学校制度を用いたものだった。その後、構造改革特別区域研究開発学校制度（二〇〇四年度～）や教育課程特例校制度（二〇〇八年度～）を用いて、全国各地で次々に小中一貫校が開校された。現在までのところ、小学校と中学校を同じ敷地内に併設する施設一体型小中一貫校は、一〇〇校を超えている（西川〔2014〕）。

二〇一五年六月には、学校教育法が改定され、小中一貫教育が制度化された。二〇一六年四月からは、小中一貫校は義務教育学校となる。二〇一六年度以降、小中一貫校はさらに増えていくことが予想される。

このような状況において、実証的なエビデンス（論拠）にもとづいて、小中一貫校や小中一貫教育に関して考察していくことが強く求められている。小中一貫校で学ぶ児童生徒がどのような意識を持っているのか、その特徴を明らかにしていくことは重要な教育的課題である。それに対して、これまでに小中一貫校の教育的効果を検討した研究は、それほど多くはない。その中には、西川（２０１４）や高橋（２０１４）のように、小中一貫校の校長を対象に行った大規模な調査がある。他方では、樋口（２０１５）が、施設一体型小中一貫校と分離型小学校・中学校、全一〇校の児童生徒を対象に実施したような調査もある。エビデンスを集めていく際には、教員を対象とした調査だけでなく、小中一貫校で学ぶ児童生徒を対象とした調査が求められる。その際には小中一貫校で学ぶ児童生徒とそれ以外の小学校・中学校で学ぶ児童生徒を比較する視点が重要である。

本章においては、「小中一貫教育の総合的研究」（二〇一二〜二〇一四年度科学研究費　代表・梅原利夫和光大学教授）が、二〇一三年度に実施した調査の結果にもとづいて、小中一貫校と通常の小学校・中学校で学ぶ児童生徒の意識を比較しながら、小中一貫校の特徴を明らかにしていく。

調査対象の学校

中央教育審議会初等中等教育分科会学校段階の連携・接続等に関する作業部会（２０１２）によれば、小中連携と小中一貫教育は、次のように定義される。

小中連携：小・中学校が互いに情報交換・交流することを通じ、小学校教育から中学校教育への円滑な接続を目指す様々な教育
小中一貫教育：小中連携のうち、小・中学校が九年間を通じた教育課程を編成し、それにもとづき行う系統的な教育

小中一貫教育を行う学校には、施設一体型小中一貫校（同一敷地内に小学校と中学校を設置し、両者の校舎を一体に整備している）と施設分離型小中一貫校（小学校と中学校が別々の敷地に校舎を有している）がある。文部科学省学校教育施設のあり方に関する調査研究協力者会議小中一貫教育推進のための学校施設部会（２０１４）によれば、二〇〇六年四月から二〇一三年五月までの七年間に開校した施設一体型校舎の公立小中学校一三一校のうち、小中一貫校が七九校（六〇パーセント）、小中連携校が五二校（四〇パーセント）であった。

施設一体型の小中一貫校は、これまでの小学校・中学校とは異なり、同一の校地で小学生と中学生が九年間統一した教育課程の下で学ぶという学校である。そのような学校で学ぶ児童生徒が、どのような意識を持っているかを明らかにすることは教育的にも重要な課題であると考えられる。

そこで本章では、施設一体型小中一貫校（以下、小中一貫校と表記する）と通常の小学校・中学校（以下、非一貫校と表記する）で学ぶ児童生徒を対象とした調査の結果を検討する。調査の対象となった児童生徒の内訳は、小中一貫校の小学校七校の児童七一一人と中学校七校の生徒六八二人、非一貫校の小学校四〇校の児童三五八七人、中学校一六校の生徒三二〇五人である。小中一貫校では、四〜

六年生が小学校段階、七〜九年生が中学校段階に相当する。小中一貫校の学校規模は、児童生徒数が数十名の小規模校から一〇〇〇名ほどの大規模校までが含まれている。小中一貫校として開設されてからの歴史は、最も長い学校で七年だった。

二〇一三年一一月から二〇一四年一月にかけて、以下に示されるような内容の質問紙調査をクラス単位で実施した。

① 学校適応感：三島（2006）の階層型学校適応感尺度の「統合的適応感覚」三項目。

② 精神的健康：西田・橋本・徳永（2003）の児童用精神的健康パターン診断検査（MHPC）の六下位尺度（「怒り感情」、「疲労」、「生活の満足度」、「目標・挑戦」、「ひきこもり」、「自信」）各二項目。

③ コンピテンス：櫻井（1992）の児童用コンピテンス尺度の四下位尺度（「学業」「友人関係」「運動」「自己価値」）。

④ 学校生活に対する期待に関する項目二項目、不安に関する項目二項目。

なお、本調査の立案から分析まで、髙坂康雅（和光大学准教授）・岡田有司（高千穂大学准教授）・都筑学（中央大学教授）の三人が担当した。

調査結果

資料2-1〜6は、児童生徒の意識について、学年ごとの変化を示したものである。図中の七〜九年生は、非一貫校では中学一〜三年生のことを指す。以下の結果では、小中一貫校と非一貫校との差

資料2－1　自信

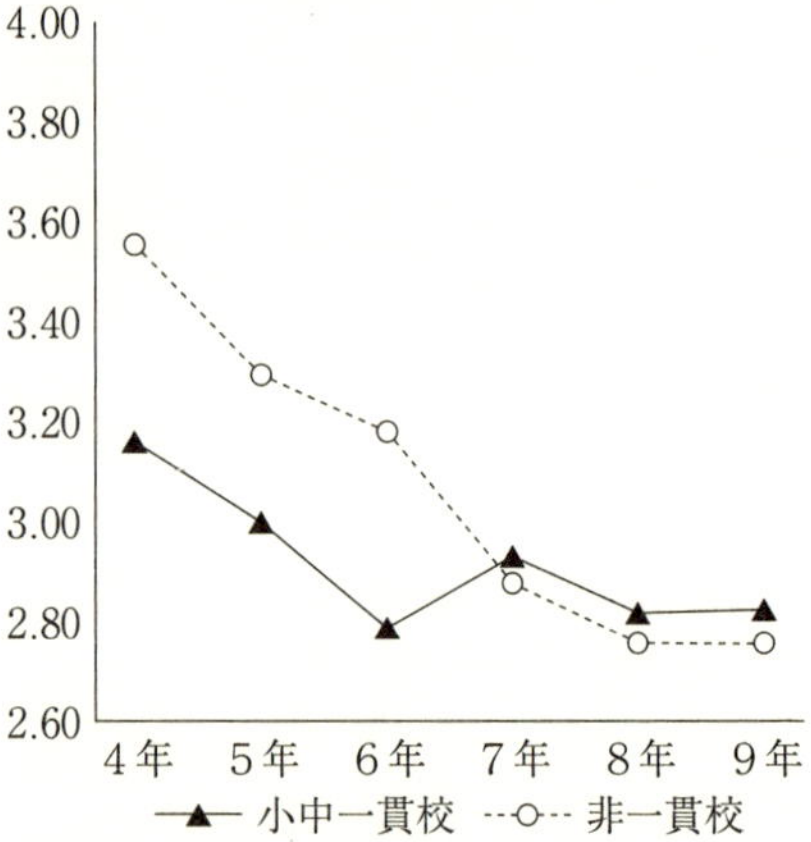

異について述べていく。

資料2－1に示したのは、自分についての自信の程度である。「自分に自信をもっている」「何でも自信をもってやる」に対する、1（全然違う）～5（とてもそうだ）の五段階での回答の平均値を算出した。

小中一貫校の四～六年生は、非一貫校の四～六年生と比較して、得点が低かった。七～九年生では、小中一貫校と非一貫校との間に差は見られなかった。このことは、小学生段階において、小中一貫校の児童は非一貫校の児童よりも、自分に対する自信があまりないということを意味している。

資料2－2に示したのは、自分をどれぐらい価値があると考えているかの程度である。「自分に自信がありますか」「たいていのことは人よりうまくできると思いますか」「何をやってもうまくいかないような気がしますか（逆転項目）」「自分には、人に自慢できるところがたくさんあると思いますか」に対する、1（いいえ）から4（はい）までの四段階での回答の平均値を算出した。

小中一貫校の四～六年生は、非一貫校の四～六年生よりも得点が低かった。七～九年生では、小中一貫校と非一貫校との間に差は見られなかった。このことから、小学生段階において、小中一貫校の児童は非一貫校の児童よりも、自分に対する価値づけが低いということがわかった。

資料2－3は、友人関係についての結果である。「友だちはたくさんいますか」「クラスの中では、人気者だと思いますか」「新しい友だちを作るのは簡単ですか」に対する、1（いいえ）から4（はい）までの四段階での回答の平均値を算出した。

小中一貫校の四～六年生の得点が、非一貫校の四～六年生と比較して低いという結果が得られた。その差は、六年生において最も大きかった。七～九年生では、小中一貫校と非一貫校との間に差は見られなかった。このことから、小学校段階において、小中一貫校の児童は非一貫校の児童よりも、友人との結びつきが弱く、友人からの評価も低いということが明らかになった。

資料2－2　自己価値

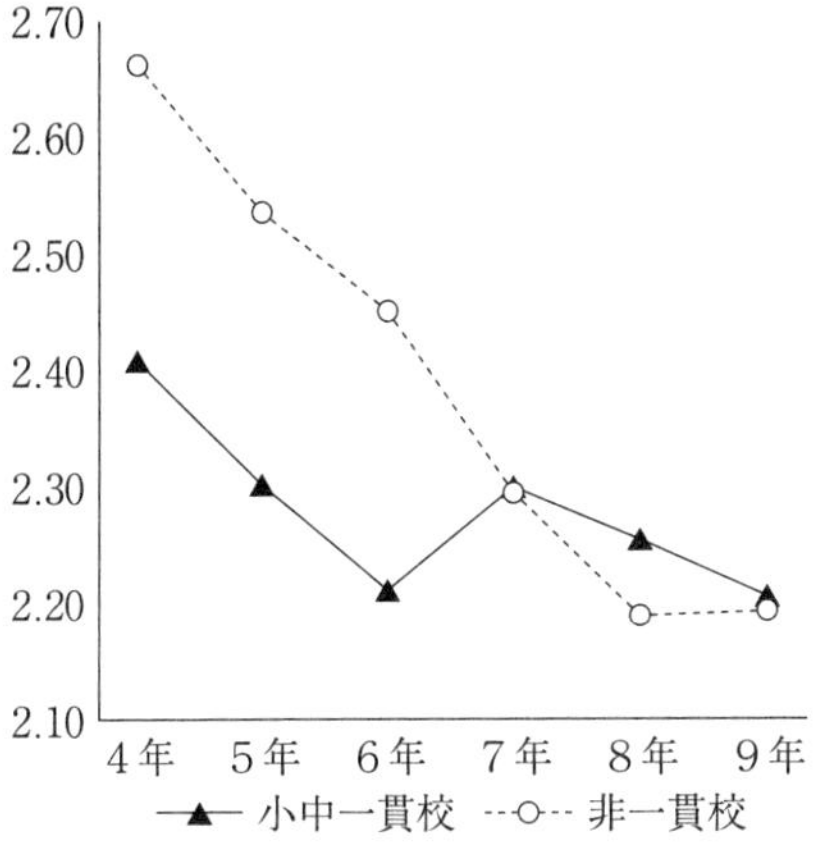

資料2－3　友人関係

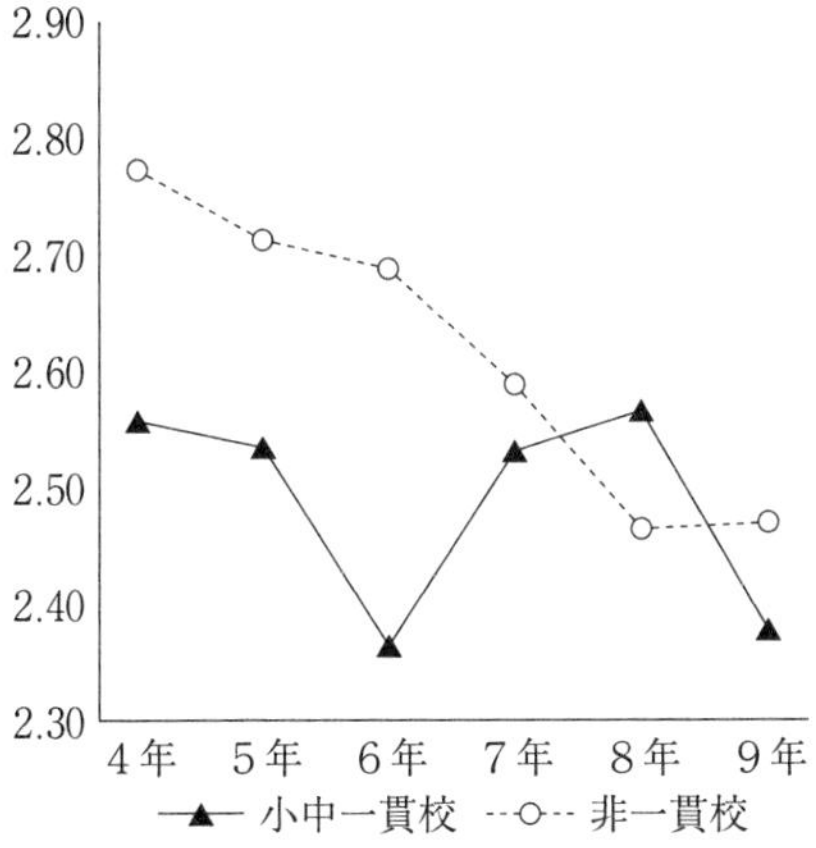

資料2－4　学校適応感

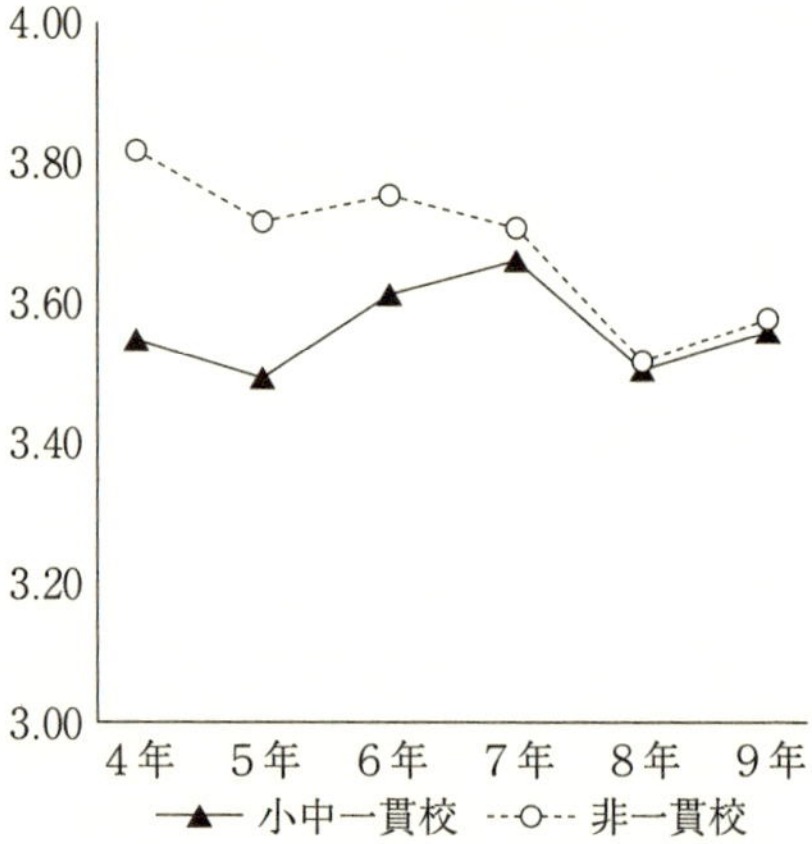

資料2－5　疲労

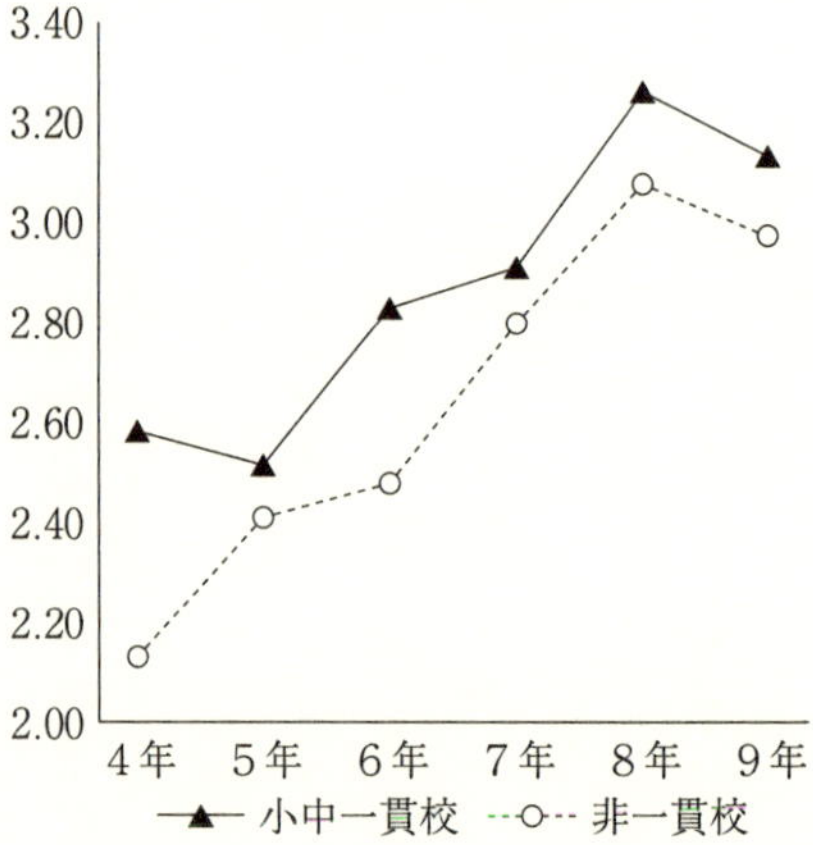

資料2－4は、自分が学校にどれぐらい適応しているかという程度である。「学校に来るのは楽しい」「学校が休みの日は退屈だ」「学校に行きたくないと思うことがある（逆転項目）」に対する、1（全然違う）～5（とてもそうだ）の五段階での回答の平均値を算出した。

小中一貫校の四～六年生の得点は、非一貫校の四～六年生よりも低かった。七～九年生では、小中一貫校と非一貫校との間に差は見られなかった。このことから、小学校段階において、小中一貫校の児童は非一貫校の児童よりも、学校に適応していないと感じていることがわかった。

資料2－5は、どれぐらい疲労しているかという程度である。「体がだるい」「疲れが取れない」に対する、1（いいえ）から4（はい）までの四段階での回答の平均値を算出した。

　全ての学年において、小中一貫校の児童生徒は非一貫校の児童生徒よりも、得点が高かった。このことから、小中一貫校の児童生徒の方が、非一貫校の児童生徒よりも、疲労を強く感じていることが明らかになった。

　資料2－6は、どれぐらい勉強できるか、成績がよいかという学業に関する自己評価の程度を示したものである。「勉強はクラスの中でできる方ですか」「勉強は苦手ですか」（逆転項目）「頭は良い方だと思いますか」「成績はよい方だと思いますか」に対する、1（いいえ）から4（はい）までの四段階での回答の平均値を算出した。

資料2－6　学業

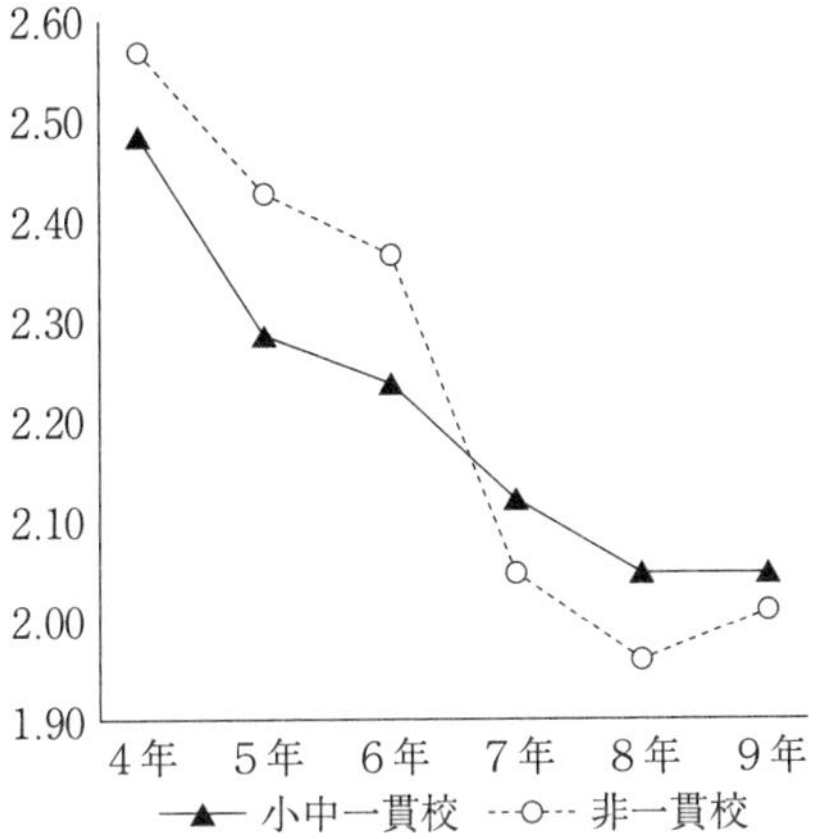

　四～六年生において、小中一貫校の児童は非一貫校の児童よりも、得点が低かった。七～九年生において、小中一貫校の生徒は非一貫校の生徒よりも、得点が高かった。これらのことから、小学校段階では、小中一貫校の児童は、自分の学業達成についてより低く評価し、中学校段階では、小中一貫校の生徒は、より高く評価していることが明らかになった。

　資料2－7は、中学校への期待や不安の感情の程度を示した結果である。四～六年生に、「中学校に入ったら、やってみたいと思って期待していることがある」「中学

資料2－7　中学校生活に対する意識

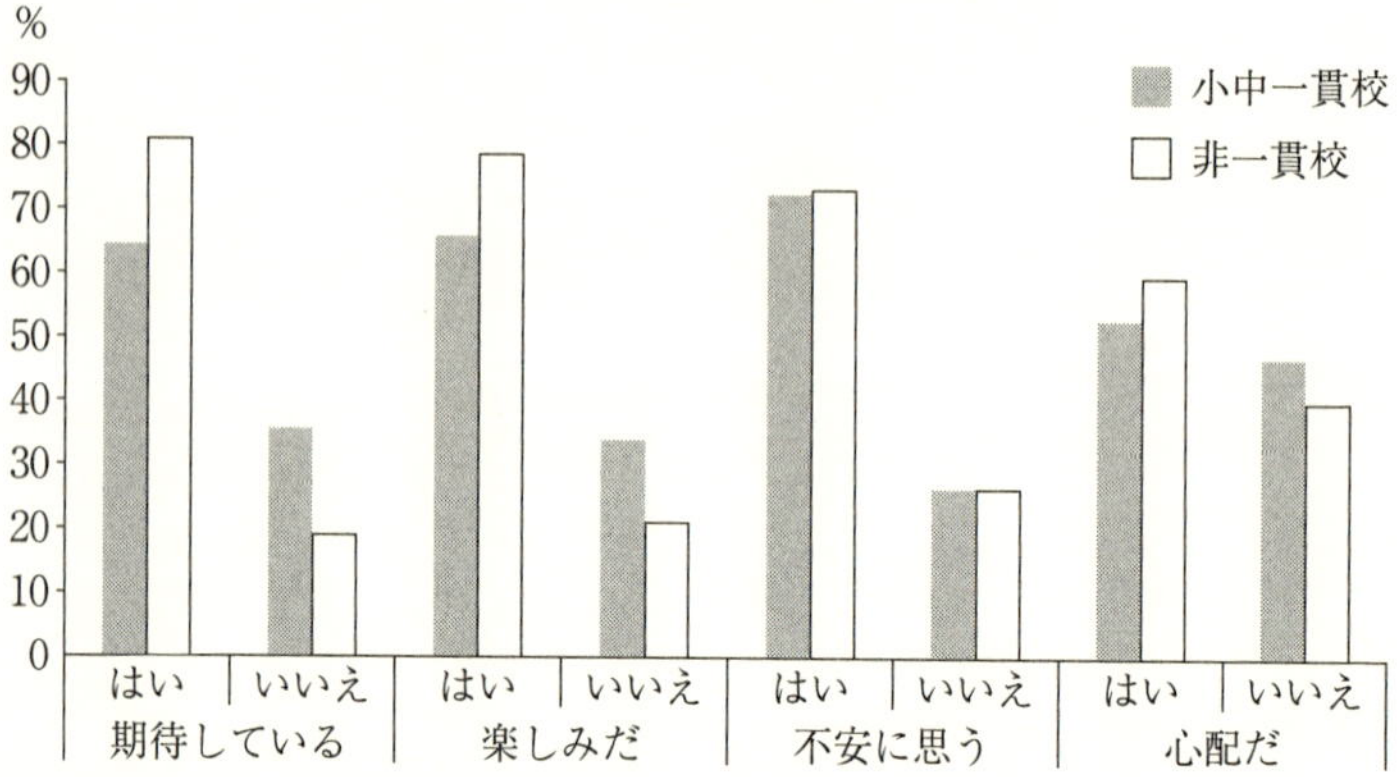

校生活が今から楽しみだ」「中学校でちゃんとやっていけるかどうか不安に思っている」「中学校での生活について心配に思っていることがたくさんある」について、1（いいえ）から5（はい）までの五段階での回答を求めた。3（どちらでもない）を省き、1と2（どちらかといえばいいえ）を合わせて「いいえ」、4（どちらかといえばはい）と5を「はい」とした。

「期待している」「楽しみだ」という二項目に関して、「はい」という回答は、非一貫校の方が小中一貫校よりも多く、その逆に、「いいえ」という回答は、小中一貫校の方が非一貫校よりも多かった。「心配だ」という項目では、「はい」という回答は、非一貫校の方が小中一貫校よりも多く、その逆に、「いいえ」という回答は、小中一貫校の方が非一貫校よりも多かった。

小中一貫校は、同一の校地で小学生と中学生が学んでいる。小学生も、中学生の活動の様子をより間近に見ることができる。それゆえ、中学校生活について知っていることが多くなるので、心配が減ると同時に、期待や楽しみの感情も少なくなっていくのではないかと考えられる。

全体的な考察

得られた結果から明らかなように、小中一貫校の小学生四～六年生は、自信や自己価値、友人関係、学校適応感、疲労、学業に共通して、非一貫校の小学四～六年生と比較して、ネガティブな傾向であることが示された。このように、いくつもの指標において、共通して同じような結果が得られたことから、そこには次に述べるような要因が作用していると解釈することができるであろう。

第一は、上級生との比較によって、自分を低く見積もってしまう可能性である。小中一貫校では、小学生と中学生が一緒に学校生活を送っている。そのために、小学校高学年の児童が、身近にいる中学生と自分を比較する機会が多くなる。そのことによって、自分自身について低めに自己評価してしまうのではないかということである。小学校と中学校が別々の学校であれば、小学校の高学年の児童は、「お兄さんやお姉さん」として、低学年を助けたり、低学年の児童から慕われたりもするだろう。小中一貫校では、九学年の中間に位置づけられるために、そのような年長者としての実感をもつことは難しいといえる。上の学年には、体力的にも能力的にも自分を超える上級生がいる。そうした状況のもとで、上級生と自分を比較することによって、自己評価が低くなってしまうかもしれないのである。

第二は、小中一貫校の開校後の歴史が浅いために、学校自体が十分に安定していないことが、より年少の子どもにマイナスの影響を及ぼしているのではないかということである。開校してから間もなければ、学校自体の運営システムもまだ安定していないことも十分に予想できる。調査対象となった学校は、複数の小学校を一つにまとめたうえで、小中一貫校にしたところが多い。これまでと異なる学校で学ぶことによる心理的な負荷も大きいことが予想される。このような環境的な影響が、より年少である小学校高学年の児童にマイナスに作用したということも考えられるであろう。

第三は、学校規模の拡大によって、学校の中で自分の居場所が見つけにくくなったのではないかということである。小学校と中学校が一緒になれば、その分だけ学校の児童生徒数が増えることになる。学校が大きくなればなるほど、自分の居場所探しが難しくなる。学校が新しくなることで、従来とは異なる環境に適応して勉強や各種活動を行うことにならざるを得ない。そうした状況が、小学校低学年に特に影響を与えたのではないかと考えることができる。

第四は、九学年が一緒の学校で学ぶことによって、学年の位置づけが変化し、それが一人ひとりの児童に影響を及ぼすのではないかということである。石井（2015）の調査によれば、「六年生になるとき（なったとき）に、頼られることが多くなりそうでうれしい」と感じる五・六年生は、施設一体型の小中一貫校の方が、施設分離型の小中一貫校よりも少なかった（二〇〇八年調査三八・七パーセント対四七・三パーセント、二〇一三年調査二七・七パーセント対五二・七パーセント）。

「下の学年を引っ張っていかなければならないので不安だ」についても、施設一体型小中一貫校の方が、施設分離型小中一貫校よりも少なかった（二〇〇八年調査三六・一パーセント対五七・四パーセント、二〇一三年調査四五・〇パーセント対五三・八パーセント）。これらのことは、施設一体型小中一貫校における小学校高学年の児童が、上級生として自分を意識しづらいことを意味している。

2　今後の課題として残されたこと

本調査を通じて得られた、小中一貫校の児童におけるネガティブな傾向は、複数の学校において相当数の児童生徒を対象に行った調査であるという点で、一定程度信頼性・妥当性のあるものとして捉えられるであろう。その一方で、本調査は一度限りの横断的調査であり、得られた結果について限定的に解釈する必要があり、過度の一般化をしないということも重要である。今後、縦断的な調査を行って、児童生徒の意識の変化を検討することによって、小中一貫校の児童生徒の心理的な特徴をより正確に理解し、把握することが求められる。

以下では、本調査を通じて明らかになった今後の課題について述べることにする。

小中一貫教育の多様性を考慮する

本調査で対象となった小中一貫校は、学校の規模や発足の経緯という点で様々な違いがあった。資料2－8は、文部科学省学校施設の在り方に関する調査研究協力者会議小中一貫教育推進のための学校施設部会（2014）が行った調査結果である。二〇〇六年四月から二〇一三年五月までに開校した施設一体型校舎の公立小中一貫校・小中連携校の学級数や児童生徒数を示している。同じ小中一貫

資料2－8　小中一貫校・小中連携校の学級規模

	小中一貫	小中連携	合計	児童生徒数平均
9学級以下	37（46.8%）	29（55.8%）	66	116人
10～18学級	18（22.8%）	9（17.3%）	27	322人
19～27学級	11（13.9%）	6（11.5%）	17	671人
28学級以上	13（16.5%）	8（15.4%）	21	1,031人
計	79	52	131	

校であっても、学校規模が大きく異なる学校が存在していることが明らかである。

小規模校と大規模校は、同じ教育システム（例えば四・三・二制）を採用していても、小学校と中学校の交流という点では内容・運営が相当異なっている可能性があると考えられる。二〇一五年九月には、小中一貫教育小規模校連絡協議会も発足し、地域連携等に関する小規模校の独自の課題が追究されていくことであろう（日本教育新聞二〇一五年九月二一日付）。各地域においては、それぞれの特殊性に応じて、小中一貫校を設置する目的も多様であり、今後は、学校規模や設置目的の差異に着目して、小中一貫校のタイプ別に検討していくことが重要になると考えられる。

エビデンスにもとづいて検討する

一人ひとりの子どもにとって、小学校・中学校生活は一回限りのものである。最も重要なことは、小学校から中学校への子どもの発達を十全に保障することである。小中一貫教育が取り組まれてきた目的の一つにも、小学校から中学校への移行過程における中一ギャップを解消することによって、児童生徒の発達に寄与するという点が挙げられてきた。

中一ギャップとは、中学生になると不登校の数が増加するなどの適応上の問題点が多発する点を指しており、新潟県教育委員会（２００５）が調査報告書の中で用いたものである。天笠（２００５）は、現行の小学校と中学校を区分する教育制度の限界と課題として、①身体的な発達の加速、②学力の低下、③思春期に落ち込む自尊感情、④問題行動や不登校などの生徒指導上の諸問題、⑤中学校入学時の不安、の五点を指摘している。これらの中一ギャップの問題を解決するために、小中一貫教育（四・三・二制）が構想・実践されてきたのである。

それに対して、文部科学省国立教育政策研究所生徒指導・進路指導研究センター（２０１４）は興味深いデータを示している。文部科学省の「問題行動等調査」によれば、中学一年生の不登校生徒の半数は小学四〜六年生のいずれかで三〇日以上の欠席相当の経験を持っていた。小学四〜六年生の三年間とも一五日未満の欠席の児童を除くと、中学一年生の不登校生徒の七五〜八〇パーセントは小学校高学年で休みがちな児童であった。同じ「問題行動等調査」からは、いじめの被害経験率は小学校時代の方が中学校時代よりも高いことが明らかになっている。不登校の増加などに表れているように、中学入学後に多くの問題が顕在化するとしても、その問題は小学校時代に既に始まっていると考えられるのである。国立教育政策研究所が作成した「生徒指導リーフ」では、中一ギャップという用語を安易に使うことによって、中学一年になると突然何かが起きるようなイメージを抱いたり、学校制度の違いが種々の問題の主原因であるようなイメージを抱いたりすることによって、問題の本質や所在を見誤ったり、間違った対応をする危険性があることが指摘されている。

児童生徒の発達にとって、小中一貫教育がどのような役割と影響を及ぼしているのかをエビデンスにもとづいて実証的に検討していくことが、今後さらに求められる。そのような研究から得られた知見と、都筑（2011）が示したような発達理論的な知見を総合していくことによって、児童生徒の十全な発達を保障する道筋が明らかになるであろう。

学校選択の実態を把握する

中央教育審議会初等中等教育分科会小中一貫教育特別部会（2014）によれば、品川区にある六校の小中一貫校において、六年生の内部生進学率は平均で七六・〇パーセントだった。区内他校（三・〇パーセント）や私学等（二一・〇パーセント）への進学者を合わせると二四・〇パーセントとなっていた。七年生の内部生在籍率を見ると、六校の平均で、内部進級者が五二・四パーセント、外部入学者が四七・六パーセントだった。このことから明らかなように、六年生の約四人に一人が転出し、七年生の約二人に一人が転入してくるのである。

九年間の小中一貫校といっても、実際には、小学校段階と中学校段階の間に、かなりの転出・転入が存在している。このように、首都圏にある小中一貫校においては、私学への進学という問題を抜きにして小中一貫教育を論じることはできない。

学校選択が、どのような形で行われていくかは、それぞれの学校が置かれている地域の状況によって異なっている。小中一貫教育が実り多い教育的成果を生み出していくには、このような保護者の学校選択意識も視野に入れておくことが必要になると考えられる。

以上、全国調査の結果の概要を紹介して、そのような結果の背景に存在する要因について考察するとともに、小中一貫教育を検討していくときの課題についても論じた。われわれ共同研究チームは、二〇一五年度から三年間の計画で小中一貫教育に関する全国調査を継続していくことになっている。その調査結果にもとづいて、今後さらに小中一貫教育に関する実証的エビデンスにもとづいた検討を深めていきたい。

引用文献

中央教育審議会初等中等教育分科会学校段階の連携・接続等に関する作業部会（２０１２）「小中連携、一貫教育に関する主な意見等の整理」二〇一二年七月一三日配付資料

中央教育審議会初等中等教育分科会小中一貫教育特別部会（２０１４）「品川区の小中一貫教育」二〇一四年九月八日配付資料

樋口直宏（２０１５）「小中一貫教育の実践における児童生徒の意識傾向――質問紙調査の比較検討」『筑波大学教育学系論集』39、１-14

石井久雄（２０１５）「小中一貫教育における小中交流の実態と成果――施設一体型小中一貫校と施設分離型小中一貫校を視点として」『人間の発達と教育：明治学院大学教職課程論叢』11、75-88

三島浩路（２００６）「階層型学級適応感尺度の作成――小学校高学年用」『カウンセリング研究』32(2)、８１-９０

文部科学省国立教育政策研究所生徒指導・進路指導研究センター（２０１４）「生徒指導リーフ『中

1ギャップ』の真実」Leaf.15（二〇一五年三月部分改訂）
http://www.nier.go.jp/shido/leaf/leaf15.pdf
文部科学省学校教育施設のあり方に関する調査研究協力者会議小中一貫教育推進のための学校施設部会（2014）「小中連携、一貫教育校の学校施設の在り方に関するアンケート調査（集計結果）」第四回部会二〇一四年九月九日配付資料
新潟県教育委員会（2005）「中一ギャップ解消調査研究事業報告書」
西田順一・橋本公雄・徳永幹雄（2003）「精神的健康パターン診断検査の作成とその妥当性の検討」『健康科学』25、55-65
西川信廣（2014）「義務教育学校における多様性と平等性に関する実証的研究——施設一体型小中一貫教育校に着目して」『京都産業大学総合芸術研究所所報』9、17-31
櫻井茂男（1992）「小学校高学年における自己意識の検討」『実験社会心理学研究』32(1)、85-94
高橋興（2014）『小中一貫教育の新たな展開』ぎょうせい
都筑学（2011）「発達論から見た小中一貫教育」、山本由美、藤本文朗、佐貫浩編『これでいいのか小中一貫校』新日本出版社 pp.52-67

第3章　小中一貫教育と子どもの発達
——「今の子どもは発達が早い」という神話を切る

二〇一五年三月一七日、小中一貫の義務教育学校設置を可能とする法案が閣議決定した日の定例記者会見で、この法案の意義について下村博文文科相は最初に、「児童生徒をめぐる状況の変化として、身長や体重の伸びの大きい時期が、六・三制が導入された一九四八年より二年程度早まっているという児童生徒の発達の早期化の問題がひとつある。二つ目はいじめ不登校など中一年生になった時に大幅にふえる、いわゆる中一ギャップである」と述べた（『内外教育』二〇一五年三月七日号）。

下村大臣のこの会見は、要するに、小中一貫の教育課程をとる理由として「発達の早期化」と「中一ギャップ」を挙げたものだ。「中一ギャップ」については、それが根拠のないものであることを国立教育政策研究所が述べていることなどを本書でも紹介している。同研究所の見解を認識もしていない所管大臣の言葉は、はなはだ心許《こころもと》ないというしかない。

1　「発達の早期化」への見方

では一つ目の「発達の早期化」についてはどうだろうか。

私は新制中学ができた一九四七年に中学に入学したが、当時に比べ、たしかに今の子どもは、体格、体重、性的発達などの面で発達が早くなっているのは実感する。ここで詳細は省くが、文科省の統計にも事実としてそれは表れている。

そういう意味での「発達の早期化」をもって、義務教育段階を六年（小学校）と三年（中学校）に区分している現在の学制に合理性が失われたかのように言い、「四年・三年・二年」の教育課程区分をしばしば含む小中一貫校を望ましいものであるかのようにいう議論もある。「今の子どもの発達に応じられる小中一貫校を」というわけである。

だが、この論建ては本当に正しいのだろうか。発達心理学、教育学の研究の成果から吟味してみたい。

〝発達の加速化現象〟とは

発達の早期化の問題は戦後始まった問題ではなく、ヨーロッパでは二〇世紀に入って多くの心理学者などが研究している。一九三五年「発達の加速化現象」（アクセレレーション）といわれ、E・W・コオヒは「世代を新たにするにつれ人間の発達が促進されていく」と書いた。一九四二年、ベンホルド＝トムセンがこの現象に関する実証的統計資料でこの研究を発表するなど、戦前のヨーロッパの関係学会で論争となっている。ここでは、成長と成熟という体性的文化過程の全体を包含する加速現象は、現代人間の構造的変化と考えられている。

日本でも知られているアドルフ・ポルトマンの「生理的早産論」は、動物学的観点から見た場合、発育状態としては、人間は他の哺乳動物に比べ約一年早く産まれるとして、人間の誕生時の状態を生理的早産とし、乳児期を子宮外胎児であると捉えた。人間は未熟な状態から成熟しなければならない部分を残して生まれ、その後発達していく存在であると論じた。

ポルトマンのいう発達は、体重や体型、性的成熟に限られるものではない。人間の身体成長や精神発達の最大の特徴は「可塑性《かそ》（変化可能性）が大きいこと」であり、精神発達や性格傾向については成人期以降にも「経験・知識・決断・人間関係」に即応した変化が続く。他の動物のように、遺伝や本能に規定された行動パターンには縛られないで、学習によって人格を発達させていく。

その意味でポルトマンの人間観は、生態学、生涯発達論も含めた総合的科学として理解されるべきであろう（ポルトマン『人間はどこまで動物か』岩波新書、一九六一年）。体重、体型や性的成熟のみで人間発達は論じられるべきではない。ともすれば発達は、身体や能力が「伸びる」面として受けとられがちだが、その過程は複雑であり、「伸びない」経験、あるいは失敗の経験も含めて、それを主体がどう受け止めるかにも規定される弁証法的な質をもっていると考える必要があろう。

欧米の研究の流れをうけて、日本の心理学者・沢田昭氏は、一九五〇年後半に発達の加速化現象を明治・大正・昭和の児童青年の身長、体重、初潮などの、主として客観化しやすいデータ（文部省などの資料）で、男女別、都市・農村など、クロスして分析、考察している（くわしくは『心理学評論』一九五八年号）。その方法や結果を参考にしつつ、同研究以後の推移も含めて見た時、筆者は、次のようなことがいえるのではないかと考えている。

1　「発達の加速化現象」は欧米でも日本でも、この一〇〇年、とりわけ「高度産業社会」の成立とともに起こっている、身長の伸び、性成熟も低年齢化して注目されているが、その原因としては、（ア）栄養説、（イ）都市化による刺激説、（ウ）寿命の伸び、などがある。二〇世紀は発達変容現象の世紀だともいえるだろう。

2　ただ、その中で身長、体重、体格は「加速化」しているが、その反面、体力や身体能力の低下が認められる。一九七〇年代、一九八〇年代、一九九〇年代でみると、資料3－3が示すように、背筋力は明らかに低下している。こうした面では「加速化」どころか後退している。

3　ＮＨＫの児童・青年の生活時間調査は一九六〇年から五年ごとに実施されているが、この各年の結果を並べてみると、子どもの生活体験の不足が顕著である。一九八〇年頃以降、塾、テレビゲーム、モータリゼーションで、家事の手伝い、自然との触れあい、直接体験、家族とのだんらんなどは不足しがちになっている。2はこうした傾向と関わっているのではないか。

4　客観的に傾向を測定し実証することは困難ではあるが忍耐力の低下も教育現場では教師らの実感として指摘されている。「ガマンすること」を「かっこ悪いもの」とする風潮が広がった。

資料3－1　イライラ、むしゃくしゃすることがありますか

（%）

年　代	ヨクアル	時　々	アマリナイ	無回答
小学6年	18.6	59.8	19.0	2.6
中学3年	21.9	59.2	14.0	4.9
高校3年	19.5	62.7	14.6	3.2
19歳以上	15.2	66.1	15.7	3.0

文部省「1998年度　教育白書」より

私自身も九〇年代後半以降、大学教育の中で、「九〇分の授業を通して受講できる学生が減って私語や居眠りが増えた」「定期試験前日に電話してきて『先生問題教えて』という学生がいる」などのことを経験し、それを実感した。「試験の答案に『先生ダイスキ』とハートマークが描かれている」「入学式後の合宿に向かうバスに乗って五分後、『先生オシッコ、トイレ、車トメテ』などと叫ぶ」学生も出てきた。

上の表に、やや古い数字だが、「イライラ、むしゃくしゃすることがありますか」という問いへの子どもたちの答えがある（資料3－1）。九〇年代後半の時点で、「イライラ、むしゃくしゃすること」がよくある、時々ある、と答える子どもが小学校六年生でも七八・四パーセントに上っている。この背景には、学校や家庭における子どもにとってのストレスの増大があったと見られるが、それはその後、増えこそすれ減ってはいないだろう。

ストレス要因があった時、それをガマン（忍耐）するべきかどうかは単純には言えないし、ガマンしない方がいい場合ももちろん多いであろうが、それを忍耐せずに表出する傾向が増えていることは、こうした回答自体が、その表出であることを考えれば推

測できる。右のような社会状況と子どもの傾向は、総じて忍耐力の低下と見られる状況にも影響しているかもしれない。

発達加速化ではなく「子どものまま」?

右のようなことを体系的に研究し、わかりやすく書かれた本がある。児童青年精神医学学会長もされ、精神科医で心理学の大学の講座に関わられた鍋田恭孝氏の『子どものまま中年化する若者たち――根拠なき万能感とあきらめの心理』(幻冬舎、二〇一五年)である。発達という点から大いに参考になり、学ぶことが多いので引用させていただく。

鍋田氏は資料3－2にあるような高校生の体力・運動能力の相対的な推移を示している。基本的に男子も女子も、一九六四年を起点とすると七〇～八〇年代のピーク以降、弱まっていく傾向にある。また資料3－3は背筋力を指数化した数値の傾向であるが、これも年を経るに従い低下する傾向があることがわかる。背筋力の低下は、様々な要因・背景が関連していると思われるが、二足歩行する人間にとって神経系統をつかさどっている頭部を支える力――他の動物に比べ人間に固有の大きな脳を支持し、その複雑な機能を維持する力の弱まりともいえるため、あれこれの身体能力の問題の一つにとどまらない深刻さを示す傾向のように思われる。

鍋田氏はこうしたデータの分析に加え、血圧調整能力の問題にふれている。従来の医学的知見によれば、一二歳程度で本来なら安定するはずの血圧調整能力が、今日の一四歳児は低下する場合が多いという。こうしたことをふまえて、氏は、「恒温動物としての能力さえ失いつつあるのではないかと

資料3－2　1964年度を基準値とした体力・運動能力の相対的推移

（高校生・16歳）

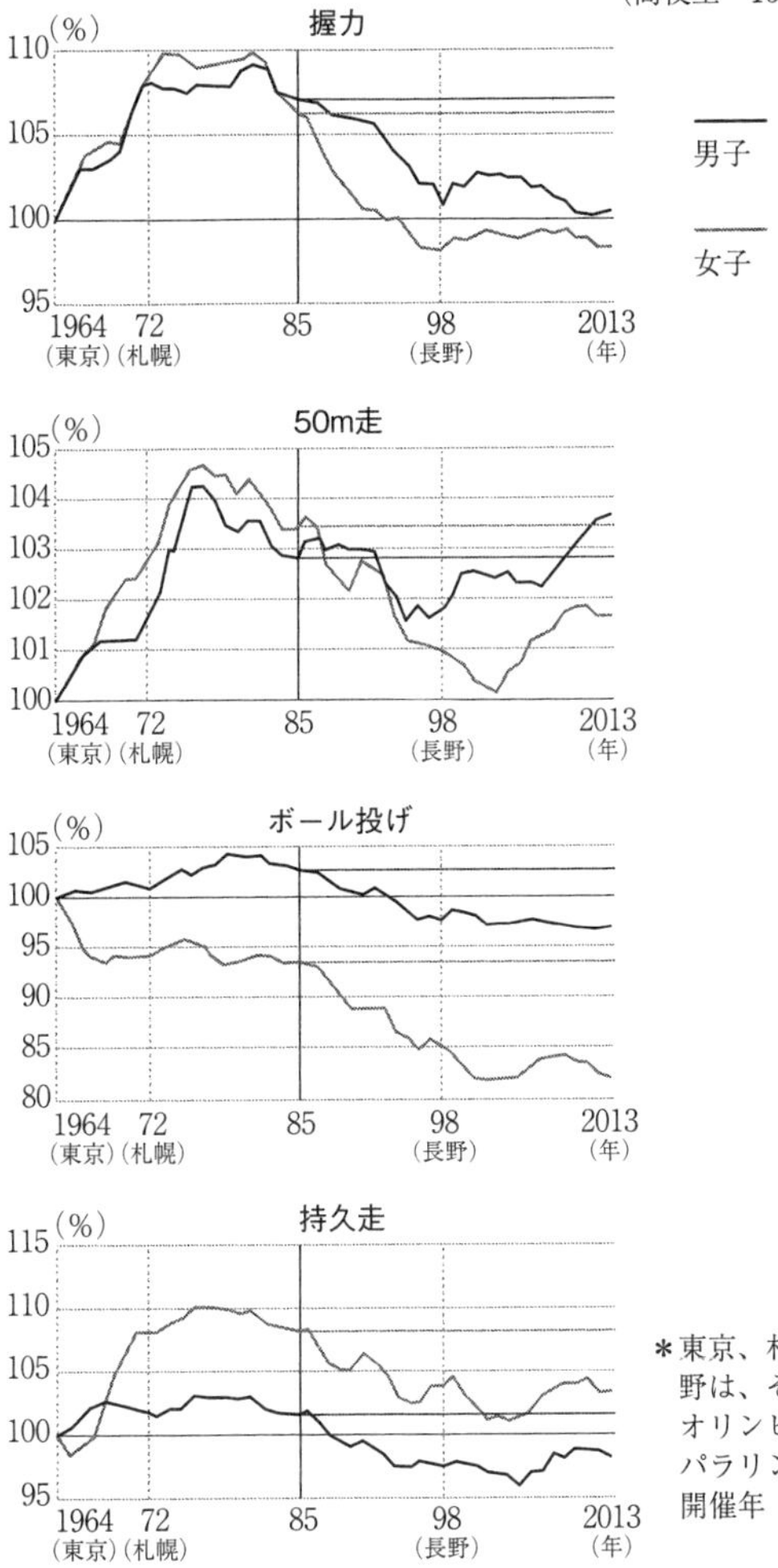

＊東京、札幌、長野は、それぞれオリンピック・パラリンピック開催年

（資料）文部科学省「平成25年度全国体力・運動能力、運動習慣等調査」

資料3－3　背筋力指数（背筋力／体重）の年次推移

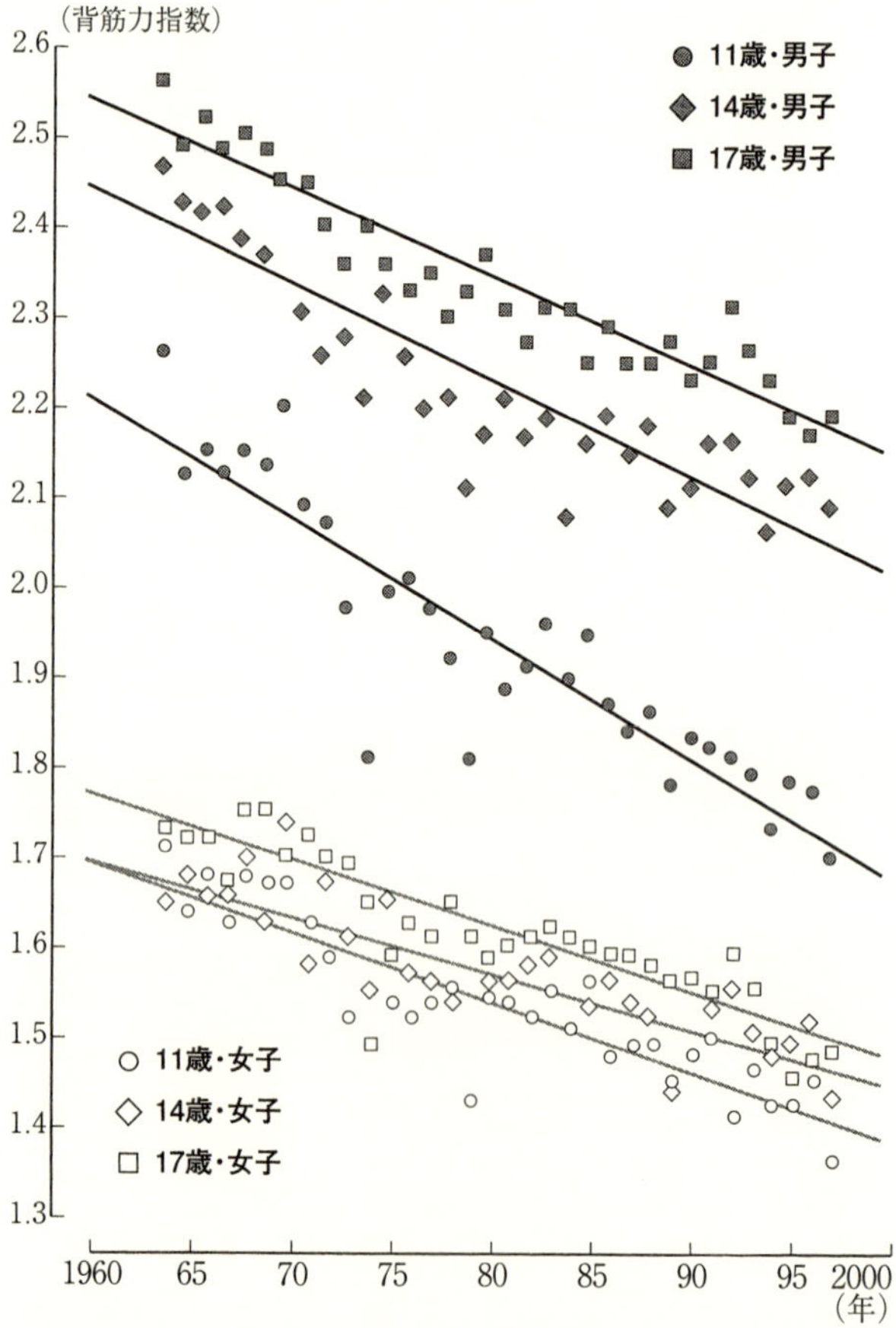

＊文部省「体力・運動能力調査報告書」（1694 ～ 1997 年度）をもとに作成

（出所）「子どもの背筋力低下に関する研究」（清水みどり、野井真吾、正木健雄）

危惧」している。

鍋田氏は心理的な側面も考察している。明治大学教授で心理カウンセラーをしている三沢直子氏が小学校六年生の子どもたちに、一枚の絵に「家、木、人」を描いてほしいと指示して描かれた絵を、一九八一年の六年生と一九九七年の六年生で比較している研究を紹介（資料3-4、5）している。鍋田氏はこの比較から、一九九七年の子どもの「統合性のなさ」が九歳レベルにとどまるととらえている。私も同様に感じるが、つけ加えると、一九八一年の六年生は自然をまともに見て考えて描いているが、一九九七年の六年生は事実や自然をゆっくりみて考えて描く力が弱いようにみえる。自分の頭で主観的に考えたイメージを描いているだけのように見える。鍋田氏は、その他にも、「規範の希薄化」「反抗期がなくいつまでも親が大好き」「指示待ち」などの傾向について、資料を加えて論じている。

2 「早期化」「加速化」は制度改革の理由となるか

これらの研究は二〇〇〇年代からされているにもかかわらず、「発達の加速化・早期化」を理由に文科省や小中一貫校化を推進する研究者などはどう理解していたのだろうか。

そういう論者の一人として大阪府、京都府、滋賀県などの教育委員会が小中一貫校の方向を進めて

資料3－4　1981年の小学6年生男子の絵

（出所）三沢直子『殺意をえがく子どもたち――大人への警告』（学陽書房）

資料3－5　1997年の小学6年生男子の絵

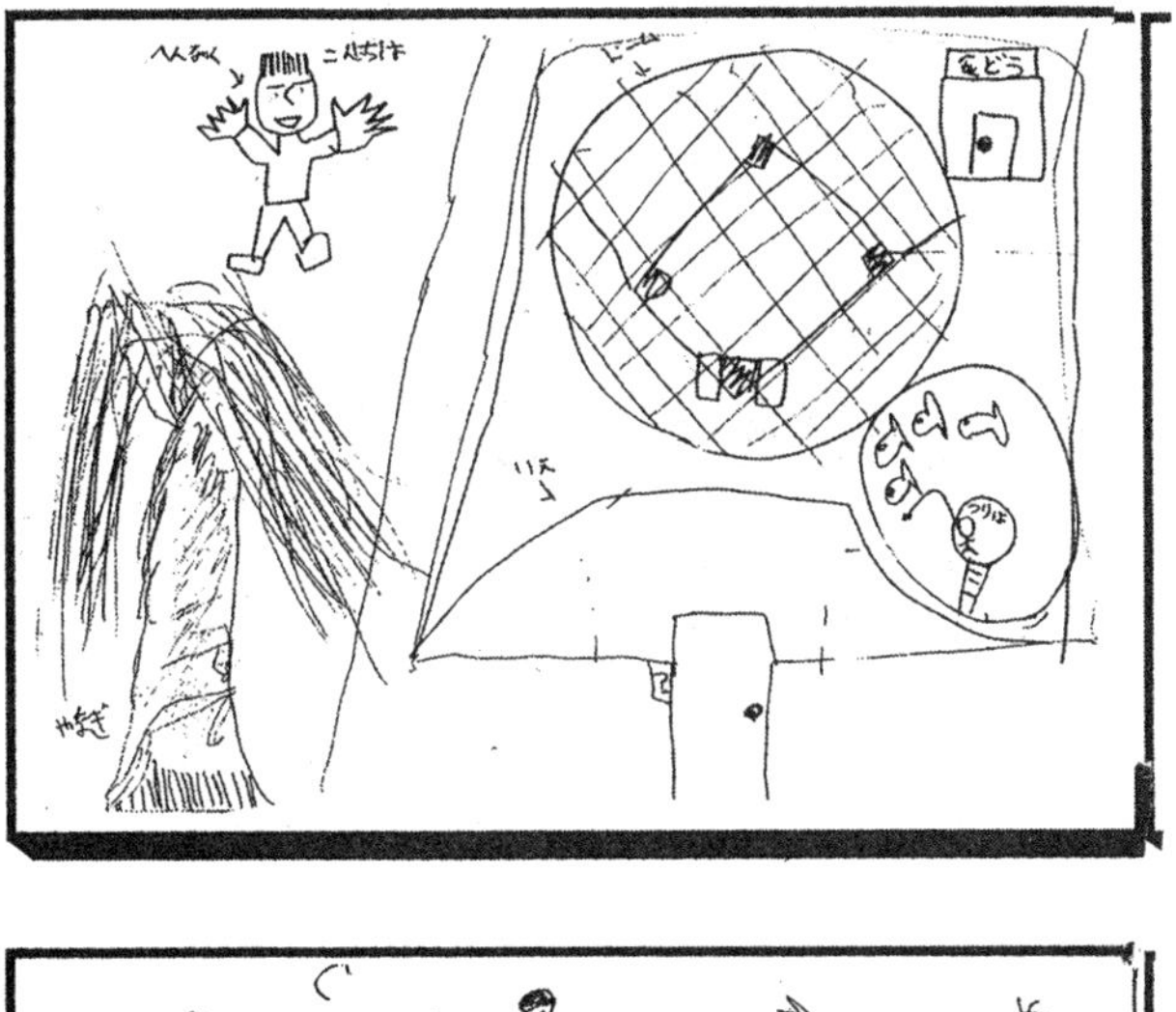

（出所）三沢直子『殺意をえがく子どもたち――大人への警告』（学陽書房）

いるのに協力している西川信廣氏（京都産業大学教授、教育制度学）の見方をみてみよう。氏は文科省の中教審、小中一貫校教育部会の委員でもある。教育現場での話は、わかりやすいとの声を聞く。

氏は、「子どもの発達の加速化」について、『小中一貫（連携）教育の理論と方法』（ナカニシヤ出版、二〇一一年）で、次のように書いている。「子どもの身体的、精神的成長が昭和二〇年代と比較すると約二年早期化していることから、従来の六―三制、および小学校での学級担任制が子どもの発達段階に合わなくなっているとする考え」。

そして二〇〇〇年に小中一貫校を全国で初めて導入した広島県呉市のケースにふれて、「呉市二河中校区では、昭和二〇年代の子どもと平成一〇年代の子どもとでは身体的、肉体的発達が約二年早い」ことを例にあげ、「六―三制ではなく四（前期）―三（中期）―二（後期）制が現状に適していると考え実践を進めている。この子どもの発達の加速化に対応できる義務教育学校にすることが、二河中校区の重要な研究テーマであったのである」と書いている。

呉市教育委員会「呉市の教育改革・小中一貫教育のマネージメント」（ぎょうせい、二〇一一年）の第二節「四・三・二区分による指導」は、この区分に分ける理由として、「心身の発達について」で身長の伸びは一九五〇年度には男子一五歳、女子一二歳がピークであったが、二〇〇四年度では、男子一二、一三歳がピークで、女子は一〇、一一歳がピークで、一九五〇年度と比べると、児童生徒の体の変化は二年ほど早まっていると書かれている。西川氏の言う「約二年早期化」はこのことであろう。

たしかに身長の発達については、「早期化」は事実であろう。だが身長の伸びだけで子どもの発達をとらえることができないことは、すでに見た通りである。ましてそれを根拠に学校制度改革を行う必要などあるだろうか。これは常識的に考えれば誰にもわかることである。

西川氏の本の後半の記述をみると、呉市の教育委員会が行った「生き方アンケート」（二〇一一年）で、「自分が回りの人から認められていると思いますか」の質問に小四までは肯定的回答が多いが、小五よりその傾向が少なくなり、自尊心が急激に低くなり、体は早く発達するのに自尊心が低下するアンバランスが生まれ、不安定な時期が以前より早まると考え、心身の発達の観点より小五に一つの区切りを設けると判断したと述べている。

だがこれは子どもの心の発達の一つの側面にすぎず、これだけで子どもの発達を捉えることもできないし、まして学校制度をどう設計するかに直接リンクさせることもできない論点だ。発達の過程でいろいろな矛盾や危機が生じることはよくあることだが、それはその先の発達の原動力ともなるものである。たとえば右のような他者からの承認をめぐる矛盾であれば、学校は子ども同士をどのように関わりあえるようにするか、学年集団をどのように他の学年集団と関われるようにするかなどの問題として考えるべきで、それは学校制度をいじることとは全く別の問題である。

西川氏は『習熟度指導・小中一貫校教育』（ナカニシヤ出版、二〇〇六年）で、「ピアジェの発達理論」という言葉を使いながら、それに基づくかのように「『六・三』制でなく『四・三・二』制が子どもの発達の現状にあっている」と展開している。しかし、ピアジェの発達理論を具体的に紹介し論じているわけではない。筆者から見ると、これは「つまみ食い」のように思われるし、ピアジェの理論の全体を把握した議論とも思えない。

西川氏はイギリスにおける教師教育について研究をされた方と聞く。教師の意欲をどう高めるかについて関心が深いと考えられるが、小中一貫校では、教職員の会議が多くなり教師は多忙に悩んでいるのが実際である。だが、そうした問題については言及がないようだ。

また西川氏は教育制度学の専門学者であるが、西川氏が勤務する京都市において、小中一貫校化が進められ、毎年二〇億円の教育予算が削減され、かつて七六校あった小中学校が一六校なくなった。これについて、「二〇一一年度教育委員会事務局運営方針」は、「京都市で給与を負担する教職員の減員等により人件費と運営費で年間約二〇億円の削減、統合等を行わなければ建て替え経費として必要であった約三五〇億円の削減等、付随的に大きな財政効果が挙がっている」と述べていた。

こうした事態を、制度、行政の専門家としてどのように見ているのかについても知りたいところである。小中一貫校化で現実に起きているのは、教育制度の解体ではないのだろうか。専門家としての見識が問われるだろう。

筆者は、小中一貫校化のような新自由主義の教育改革の本音は、このような公教育の解体方向にあると考える。取ってつけたような「発達の早期化」論はそれを覆い隠す、うすいマンジュウの皮のようなものにすぎない。

3　発達の観点から必要なのは現場で発達権が保障されていること

今まで述べてきた子どもの発達の現状をふまえ、〝発達〟の観点から小中一貫校教育の問題点をあらためて考えてみたい。

私は五〇年余り障害児・者や高齢者の発達について、大学の教員として、教育現場（校長を含め）、相談活動、学校制度（養護学校義務制、一九七九年）などと関わりつつ研究を進めてきた。理論的にはピアジェ、ゲゼル、ワロン、ヴィゴツキーらの研究に学んできた。

あえて一言でいえば、人間の発達は複雑で多様な側面とその意味を含んだ過程である。そして、人間にはいろんな発達段階があるが、それらが直接、学校種別に対応するというものでもない。

子どもの置かれた状態・環境は千差万別であり、学校教育の中で、子どもの発達をどのように保障していくかというテーマは、数多くの「応用問題」からなっている。学校の場合、大事なことは、様々な複雑な様相を見せながら発達している子どもたち、その子どもに余裕をもって向き合い対応できる大人＝教師がそこにいるかどうかであろう。それに資する学校制度改革なのかそうではないのかを検討することが求められるだろう。

私の研究経験から見ると、〝発達〟を考えるだけでも次のことをふまえねばならないと思う。

（a）前述したポルトマンが述べているように、人間は「生理的早産」といわれ、それがゆえに社会の影響を受け入れつつ発達する。時には生存さえおびやかされる（戦前、貧困で四歳前の四分の一の子どもはシャボン玉が消えるように死んでいったし、不就学障害児は一般児の就学児に比べ数百倍の死亡率であった）。それがゆえに福祉、保育、教育が不可欠である。

影響力の大きい臨床心理学者ピアジェは小中一貫校教育を進める人々によく引用されている。たしかにピアジェは発生的認識論（〇～二歳の感覚運動段階、二～七歳の前操作段階、七～一二歳の具体的操作段階、一二歳以降の形式的操作段階という四つに思考の発達段階を区分している）で子どもの発達を四区分しているが、これは学校制度論とは関係がない。またピアジェは、それとは別に教育とすべての子の教育権の保障、市民的道徳の必要性について体系的に論じた人でもあった。彼の発達論を小中一貫校化を合理化するために引用するのは「ためにする議論」である。彼の理論が要求している、発達権や教育権の十分な保障のために学校制度はどうあるべきかという観点から問題をとらえなおすべきではないかと感じている。

（b）日本人の平均寿命は八〇歳を超えた。高齢者も死ぬまで発達する存在であり、その発達をどう保障するのかという課題がある。そうした社会状況の中で、子どもの発達が、仮にも学校制度によって阻害されるようなことはあってはならないだろう。ピアジェ、ワロン、ゲゼル、ヴィゴツキーが述べているように、発達には「節」（質的変化）があり、その「節」をのりこえる時に、個人差に応じたていねいな教育（障害児教育の実践が教えてくれる）が必要である。この「節」の問題を、教育制度、学校制度と結びつけて検討するには教育学の領域で十分な研究が必要ではないか。

人間の発達、とりわけ人格発達は一人ひとりの個性を大切にする教育によってしか保障されえないが、現在進められている小中一貫校化がそれにこたえうるものかどうかを、親や教師だけでなく国民全体の問題として考えることが必要である。子どもの発達が保障されない社会が、真に学びあえ高齢者も含め誰もが発達できる社会とはいえないことは自明である。

（c）「発達の加速化」論に関わって述べたように、二〇世紀以降、身長、体重、体力などは一一歳頃まで伸びていくが、一方で体力などが低下さえするという傾向が、一九八〇年頃から見られるようになった。もちろんこれも個人差があるが、この問題を二〇世紀以降、激しく移り変わった社会状況の中に位置づけて研究する必要がある。

（d）教育基本法第一条は「教育の目標は人格の完成をめざす」と明記している。人格発達が人間の発達の基礎である。植物が育つよう大地をたがやすように、この人格発達をうながすことこそが大切である。それはいわゆる「早期教育」では必ずしも保障されるものではない。個々人が生きていく中で突き当たる出来事、そこにある悩みや喜びが契機となって人格は発達する。人間は「矛盾を食ってふとる」といわれ、すでに述べたように矛盾こそが発達の原動力である。

理論的にも実証的にも不十分で機械的な「発達の早期化」論などに惑わされてはならないと思う。教育のリストラでなく、半世紀以上前につくられたランジュバン・ワロン計画案（一九六七年）でも「初等教育は一学級少人数」が強調されていた。そうした知見をふまえ欧米の先進国は小中校の義務教育の二五人学級を実現して、真の意味で一人ひとりの発達や個性を大切にする教育条件（財政）を実現することであろう。それが可能になる制度なのかどうなのか、よく吟味しなければならない。

参考文献

トラン・トン（1969）『アンリー・ワロンの教育思想』パリ大学出版
藤本文朗（1996）『障碍児教育の義務制に関する教育臨床的研究』多賀出版
田中昌人（1980）『人間発達の科学』青木書店

第4章　学校跡地活用とまちづくり

この章では学校統廃合で生み出される学校跡地問題をまちづくりの観点から考える。

統廃合で閉校された学校は、廃校とか学校跡地などと呼ばれている。廃校・跡地などの言葉には、これまで地域の核であり子どもの教育の場としてかけがえのない存在だった学校の歴史的文化的価値まで抹消するかのような響きがある。学校跡地の活用とは不要物の処分でも売却して利益を上げることでもない。これまでの学校の地域での歴史を踏まえて、学校統廃合により生じた問題をできるだけ減じ、現在のコミュニティ生活に必要な内容を考えた活用をまちづくりとして行うことが重要である。

これまで統廃合を推進するための教育条件の改善理由とされてきた少人数・小規模校では、「たくましく育つのが難しい」「中一ギャップ」「不登校・いじめの改善」等に関しては教育的根拠を示すデータを提示できず、統廃合推進理由は破綻しているといえる。結局、学校統廃合の真の狙いは学校数と教員数の削減による財政効率化にある。

さらに、地方創生総合戦略のもと、少子・高齢化、公共施設の老朽化といった課題を解決するためにコンパクトシティの推進や公有不動産の在り方の見直し等を迫られている。[*1] 今、国の目は公有不動産の有効活用に向けられ、中でも公有不動産の七割を占める地方自治体保有の不動産活用をいかに促すかが課題となっている。公有不動産の有効活用とは、簡単に言えば、売却や定期借地権による借料による収益を自治体が得る一方で、民間事業者は安く公有地を活用できる仕組みである。市民の貴重な資産が有効活用の名の下で、市民参画もなく民間資本の経済活動に供されるのは間違っている。学校跡地は公的不動産のなかでも突出して多く創出され、しかも低利用のままであることから、[*2] 有利な不動産として有効活用による経済の活性化が期待されている。

＊1 財務省「新成長戦略における国有財産の有効活用について」二〇一〇年、財務省「成長戦略進化の今後の検討方針 民間投資を喚起するための構造改革推進」二〇一五年。

＊2 総務省「地方公共団体における公的不動産と民間活力の有効活用についての調査研究」二〇一五年三月。

そもそも次代の子どもを育てる場であり、地域自治の拠点であった学校を民間資本の活用にゆだねるのは、学校を中心としたまちがまち単位で崩壊する危機を意味する。学校は地域の歴史的文化的財産であり、行政はそれを住民から付託されているのであって、勝手に処分してよいわけではない。学校跡地活用では統廃合と同じく子どもを含め住民の意向を尊重することが重要であり、それができる仕組みが必要である。学校跡地は中・長期的展望のもとで地域や子どもたちの未来のまちづくり資源として生かすよう、学校跡地のある地域を中心に取り組むことが重要だ。多様な活用のネットワークづくりも必要になってこよう。いずれにせよ丁寧に民主主義に基づいて活用方針は決定すべきである。

1　地域と学校の関係は子どもの生活、学びに深く関わる

学校と生活圏

学校は都市計画法では「都市施設」と定義されている施設である。子どもが育つ生活圏は暮らしやすく、集まりやすく、まとまりやすい単位の大きさが望ましい。そうした生活圏を近隣住区論（一九二五年）として提案したのがクラレンス・ペリー（米）である。近隣住区論は学校・公園・コミュニティセンターなどを中心に、半径約四〇〇メートルの地区に人口四〇〇〇〜五〇〇〇人が暮らす単位として構想され、ニュータウンの計画などに採用された。小学校が一つある徒歩圏の生活圏である。

近隣住区論をもちださなくとも、日本で最初に小学校を設立した京都の町組はまさしくまとまりやすい単位、暮らしやすい生活圏だった。一八六九（明治二）年、京都府は江戸時代からの町組を六五番組に組織改正し、町組ごとに町会所兼小学校をつくるよう提案、同年中に各町組は総力を挙げて小学校を設置した。[*]

＊合同した番組が出たため六四番組小学校が設置された。

学校は町組という共同体の核であり、交番、望火楼が設置され、ごみ処理、予防注射を行うなど行政の出先機関でもあった。町組は小学校を設立以来、校地の拡充や校舎の増改築、学校運営に責任を

持ち、地域の力で学校を育ててきた。一九四一（昭和一六）年に国民学校令により学区制が廃止されるまで、町組は財源を持ち、教育経費を負担する自治組織だった。今日、町組の単位は元学区として引き継がれ、京都独自の地域住民の自治的活動単位となっている。

学校はこうした地域住民の努力や思いが詰まっている存在である。統廃合後は子どもの元学区・生活圏との関係が薄まる。小学校の地域学習では、広域化した校区は日常的に行ったことも聞いたこともない地域まで調べることになる。行ったことのある所や会ったことのある人などから話を聞くから子どもたちは真剣に耳を傾け、地域への理解も愛着も深まる。地域への愛着は、地域と自分の生活とを不可分と感じる体験の積み重ねから生まれる。子どもから大人まで、すべての人に地域と関わる暮らしが根づいていることが、豊かなまちづくりに繋《つな》がる。統廃合は学校を中心としてつくり上げていた地域と関わる豊かな暮らしとまとまりを破壊する。少子高齢化社会にとっては、生活基盤として生活圏を充実させていくことが求められており、学校統廃合による生活圏破壊はそれに逆行していることになる。

子どもと生活圏

五小二中を統合し広域校区となった小中一貫校、東山開晴館の児童を対象とした調査*をもとに統廃合で子どもがうける影響をみてみよう。

＊「大規模な学校統廃合による子どもの地域生活の変化に関する研究」森本めぐみ　大阪市立大学二〇一三年度修士論文、二〇一四年二月。二〇一一年開校、二〇一三年三～六年生対象調査。

統廃合前は七割の子どもが学校まで一〇分以内で通学しており、しかも、その半数は五分以内だった。統廃合後は一〇分までの子は四・五割に減り、通学時間が延びている。通学は七割の子どもが友達とおしゃべりしたりできる楽しい時間だと回答している。

だが、通学時間が五分以下の子どもは疲れたと言わないが、五～一五分でも三・五割は「疲れる」と答えている。一五分以上になると六割が「遠くて疲れる」と答え、通学が負担になっていることがわかる。バス通学をしている子どもは「バス通学が便利」（四割）といいつつ、「混雑・乗り遅れ等バス通学は大変」（六割）と負担も感じている。

集団登校は異年齢が交流できる機会であるが、通学時間が長くなると交流が増えるという関係は見られていない。むしろ高学年と低学年の徒歩の速度差が目立ち、「通学に時間がかかる」と集団登校を離れる高学年がいるという。いずれも校区が広がることで通学が子どもの負担になっている。

次に子どもの遊びをみてみる。子どもは遊びを通じて様々な能力を身に付ける。環境を認識し、遊んだ経験がその場の思い出となり愛着となる。また特に小学校中・高学年のころ友達と遊んでいないと社会性が発達せずコミュニケーション能力も育たない。学校の休み時間の遊びは、緊張を緩和し、思う存分自分を出して楽しい体験のできる大切な生活であるが、学校の積層化高密化で自由に遊ぶ場が少ない。

一方、統廃合前は放課後、学校に遊びに行っていた。子どもは放っておいても遊ぶと思いがちだが、実は環境に左右されやすい。学校が統廃合されれば、かつての学校では遊べず、新しい学校でも中学生のクラブ活動優先等で自由に遊べない。統廃合前は放課後「外で毎日遊ぶ」子は三割、「週に三～

四日遊ぶ」子は二割、「週に一〜二回遊ぶ」子は二割だった。統合後は毎日遊ぶ子も、週に三〜四日遊ぶ子も各一割、週に一〜二回遊ぶ子が三割になり遊ぶ頻度がひどく減っている。統廃合前の三年生(現六年)と統廃合後の三年生とを比較すると、統廃合前は毎日遊ぶ(三六・四パーセント)、週に三〜四日遊ぶ(二四・〇パーセント)、週一〜二日遊ぶ(一七・三パーセント)と約八割の子が外で遊んでいた。統廃合後は毎日遊ぶ(一五・二パーセント)、週に三〜四日遊ぶ(一〇・九パーセント)、週一〜二日遊ぶ(二七・二パーセント)と遊ぶ頻度は半減し、ほとんど外で遊んでいない子どもが五割もいる。

遊べていない理由は、「通学に時間がかかり遊びに行く時間が無くなった」、「友達が遠くて一人で遊びに行けない」、「親が送迎できる日が限られてしまう」などで、広域校区化で子どもの生活圏が破壊されている結果であることがわかる。子どもは生活圏の影響を受けやすいことを認識し、統廃合は子どもの発達を保障するまちづくりととらえ、子どもの生活圏をどう尊重するかを考えることが重要である。

地域とともにある学校

学校統廃合は子どもや教師だけでなく地域を巻き込む大問題である。昭和三〇〜四〇年代、全国津々浦々で市町村合併と共に学校規模の適正化を推進する学校統廃合が強引に進められた時、あまりにも矛盾が出たために、文部省(当時)は、地域住民との間に紛争を生じるような無理な統合や著しい通学困難は避け、小規模校の利点も考え総合的に判断するようとの通達を出した(一九七三年)。地域と学校の強い絆《きずな》が断ち切られようとする時には紛争が生じるほどの問題であることを国も認識せざるをえなかった。

そしてこの認識は二〇一五年一月に示された「手引き」*にも引き継がれている。「手引き」では「小・中学校は児童生徒の教育のための施設であるだけでなく、各地域コミュニティの核としての性格を有することが多く、防災・保育・地域の交流の場等様々な機能を併せ持って」おり、また、「学校教育は地域の未来の担い手を育むいとなみであり、まちづくりの在り方と密接不可分という性格も持って」いると述べ、「学校規模の適正化・適正配置は行政が一方的に進めるものではなく」「地域とともにある学校づくり」の視点で現保護者だけでなく幼児の親たち、住民などの声を聞き丁寧な議論を行うことが望まれているとしている。

*二〇一五年一月二七日、文科省「公立小学校・中学校の適正規模・適正配置に関する手引き——少子化に対応した活力ある学校づくりに向けて」。本手引きの公表によって一九五六、一九五七年「学校統合の手引き」、一九七三年の通知は廃止。

跡地活用に熱い視線

「手引き」では、一定程度、コミュニティに配慮しているが、統廃合の意図は財政効率化であり、さらに創出される跡地の有効活用にも熱い視線が向けられている。これまでも廃校活用については事例紹介や活用希望者とのマッチングなどを国として取り組んできた。最近は公有不動産（ＰＲＥ）の実態把握と徹底的な有効活用に焦点が絞られ、二〇一五年七月には公的不動産活用推進に関する関係省庁連絡会議が設置された。また文科省、国土交通省、農林水産省、総務省などは廃校活用の様々なプロジェクト、調査活動やコミュニティ補助事業に取り組み、住民の意向が反映した地域を元気づける活用事例などの紹介もされている。国の施策の大きな流れの中で学校統廃合も跡地活用も動いている。情報を集め、関心を持って自分の住む町の問題として対応できる体制が住民側に必要になってきた。

適正規模・適正配置

「手引き」は一学年一学級を維持できない場合は、統合の適否について速やかな検討を指示し、さらに、今一二学級から一八学級の適正規模であっても、一〇年先まで見据えて子どもの減少を織り込んで計画すべきと対応を迫っている。

学校は地域・都市の成長・衰退の影響を受ける。少子化の下でも再開発や住宅地新規開発などにより、児童生徒数が急増し、大規模校化するところもある。適正規模化を厳しく迫る一方で、適正規模以上の大規模校については三一学級以上の過大規模校には対処するとしている。これでは大規模校問題は改善されず、教育条件の格差は放置状態である。

また、「手引き」では適正配置が見直され、小学校四キロ、中学校六キロに加えて、通学時間基準一時間以内が追加された。これにより広範囲の統廃合が可能になる。今、統廃合の研究では通学一時間の学区にしたとき、その範囲より出る子どもの分布や適正規模が維持できない市町村の洗い出しを行うなど、中長期的人口減少にどう対応するか、あたかも切り捨て地域候補の検討かと思われることが課題となっている。本章で強調している子どもの生活権や学区自治、また都市や建築計画からの学校配置計画論では人口減少時代の学校配置に対応できないのではないかと指摘されている。統廃合や人口減少を自然現象扱いしていないか。誰のための何のための学校か。地域崩壊を肯定する「適正配置」にならないための検討こそ課題である。

跡地の大量創出と跡地活用の全国状況

小中一貫校が進められて行く前と後の期間で廃校数は大きく変化している。一九九二年から二〇〇一年[*1]の一〇年間の廃校数は二一二五校で、年平均一五〇～二五〇校が廃校になっていた。次いで二〇〇二年から二〇一三年[*2]までの一二年間の廃校数は、五八〇一校で、一年平均約四八〇校が廃校になっており、前の一〇年より廃校数が急増している。

＊1　文科省「廃校施設の実態及び有効活用状況等調査研究報告書」廃校リニューアル50選、二〇一五年。

＊2　文科省の廃校施設活用状況実態調査、二〇一四年。

二〇〇二年から二〇一三年の廃校活用状況を見ると廃校[*]五八〇一校のうち、現存施設無しが七〇一校で、施設が残っているのは五一〇〇校である。そのうち活用中は七割、活用されていないのは三割、うち活用予定ありは二割、未定は七割、取り壊し予定一三〇校である。

＊（財）地方自治研究機構「市町村における廃校施設の有効活用に関する調査研究」二〇一五年

施設の活用用途を見ると、「学校」三八・四パーセント、「社会体育施設」二三・九パーセント、「社会教育・文化施設」一七・四パーセント、「社会福祉・医療施設等」一〇・五パーセント、「企業等の施設・創業支援施設」「庁舎等」「体験交流施設等」となっている。学校建築の特徴を生かした活用が多く、また地域に不足する福祉医療施設や地域の活性化を図る活用となっている。

活用用途が決まっていない理由は「地域からの要望がない（四七・四パーセント）」、「施設が老朽化している（三五・四パーセント）」「立地条件が悪い（一七・八パーセント）」「財源が確保できない（一六・三パーセント）」である。

活用に向けた検討に関わっている者は「教育委員会（六三・五パーセント）」と「管財担当」（五九・〇パーセント）を中心に「その他の部署（三八・六パーセント）」も入れ行政中心である。「地域住民」の参加は三二・二パーセントしかない。住民からの意向聴取についても半数が「アンケート実施していない」という状況である。また、活用についての公募は八割が実施していない状況である。

都市計画と統廃合理由

一九九二〜二〇〇一年の期間の廃校要因をみてみると「過疎化による児童生徒数の減少（六七七校）」が主たる要因で、次いで「高齢化による児童生徒数の減少（七二校）」、わずかながら「都市化による児童生徒数の減少（一八校）」となっている。高齢化による児童生徒数の減少はベッドタウンや住工混合地域（地場産業の衰退）で発生している。ほとんどの自治体（八割）は過疎化による統廃合であるが、兵庫県、東京、大阪府は高齢化によるものが過半を占めている。

廃校理由が、過疎によるものは農山漁村地域の衰退を背景としており、都市部においては高齢化によるもの、都市開発やニュータウン開発の問題点を背景にしている。

また、職住一体型の歴史的な都市は産業構造の変化により、地場産業が衰退し、職住地域への新規参入者が減少し、住民の高齢化が進んだ。また都心部では、高密度利用を図る再開発などの高層商業ビル化で居住者が減少し学校統廃合を促進した。単なる少子化の影響だけでなく、こうした地域や都市の構造変化の影響も大きく、その犠牲に地域コミュニティや子どもがならない対策が課題といえる。子どもの減少を生じ、少子化以外の理由で地域的に子ども数を減少させ統廃合の原因になっている。これらの変化は産業構造や都市をどう計画するかの問題と絡んでおり、地域一律の少子化対策としての学校統廃合ではなく、地域・都市政策と関わって対応していくことも迫られている。即解決は困難であるが、学校統廃合では学校間ネットワークをつくるなど工夫して、これまでの生活圏を破壊しないようまとまりを維持確保することが重要である。

2　京都市における学校跡地活用

ここでは京都市を事例として跡地活用問題を考える。京都市の都心部小学校は、前述したように全国に先駆けて町組が設立し運営してきた番組小学校の伝統をもつ。学校は地域自治の拠点として地域文化を育て子どもの教育を支えてきた。いま、一四〇余年の歴史を持つ多くの学校が統廃合によって地域から消えた（六八校が一七校に。二〇一四年現在）。今もその動きは止まっていない。

二〇一四年七月に伏見区向島（三小一中）では地元要望書が提出され、現在は地元三学区とＰＴＡ等で組織する「向島中学校区小中一貫教育校創設協議会」が結成されて、二〇一九年度開校に向けて京都市教育委員会（市教委）のお膳立ての下で、新校舎計画への協議会メンバーの参加、校名、標準服などの意見を聞く等の「住民参加」が着々と進められてきた。どのようにうわべだけの住民参加を市が演出しているかは、山本・藤本・佐貫『これでいいのか小中一貫校』（二〇一一年）に詳しい。

また右京区京北地域では、三小学校ＰＴＡのうち一校の決議が上がっていないうえ、六地区（旧一町五村）のなかで反対の地区があるにもかかわらず、二〇一五年六月京北自治振興会において「京北の三小学校を統合し、周山中学校合わせた小中一貫教育校の創設を目指す」ことが決定され、七月、市教委に要望書が提出された。市教委は即座に、地元要望が出たとホームページに掲載した。学校統廃合はなりふり構わずごり押しで進行中である。京北地域は小中一貫校ができれば、非常に広域学区（二一七・六八平方キロメートル）になる。子どもの負担を大きくする学校統廃合は、地域衰退の呼び水になるだけである。

学校統廃合の経過と問題

京都市における学校統廃合は、一九八〇年後半から始まる都心部小学校（一九九二年、洛中小、洛央小開校）とそれに接続する中学校の統廃合を推進してきた前期と、二〇〇〇年後半からの小中一貫校という名の統廃合推進の後期に分かれる。すべての時期を通じて、学校統廃合の問題点は、①教育的根拠がない間違った判断による施策、②学校の統廃合という教育とまちづくりにとって重要なことがらの決定に住民が参画できていない、③市教委の巧妙な住民合意演出、である。住民の持つまちづくりの権利や教育権を尊重するどころか、行政が主導で推進することは民主主義にもとる行為だ。

市教委は元銅陀《どうだ》中学校統廃校時の経験から地元の扱いを慎重にすることを学んだ。そのため市教委主導で具体的な内容に口をだし誘導しながら、地元の要望により決定したという形式を整えて進めてきた。都心部小学校統廃合に取り組むにあたっては根回し、広報などに相当時間をかけたと推測される。冊子「学校は今…」（一九八八年）を発行し、都心部の小規模校に該当する地域にすべて配布した。冊子は「小規模校は目がゆき届く指導ができる」と光をしめしながら、「クラス替えがなく集団が少なくては切磋琢磨が少なく、たくましい子に育つのがむつかしい」影があると親の不安に訴えた。

都心部小学校の統廃合では、決定が拙速なこと、都心部の通学が危険なこと、今の学校ではいじめも不登校もなく子どもが落ち着いており問題がないことなどから統廃合に対する疑義が出ていた。「京都の学校統廃合を考える会」はじめ、下京区も上京区も学校統廃合を考える会が活動していた。ＰＴＡでは校長が主導権を発揮し反対の意見を封じる運営の異常さがみられた。ＰＴＡ決定が出ると、即、自治連合会から地元要望が出るようお膳立てした。地元住民から討議に時間をかけてほしいとの声があっても、既に統廃合は決まったことだと押し通された。

小中一貫校づくりでも、市教委は冊子「すべては子どもたちのために」（二〇〇九年）を発行している。冊子は、小規模校の問題点をあげ、かつ中一ギャップを解消する教育環境として小中一貫校を提案している。東京都品川区が日本初の施設一体型小中一貫校日野学園（二〇〇六年）を誕生させると、京都市は競うように、翌年、施設一体型小中一貫校を京都市郊外地域の花脊（二〇〇七年）で開校し、その後、都心部東山区で小中一貫校づくりに着手した。東山区では一〇小学校と三中学校が小中一貫校二校にされてしまった。

統廃合推進の教育的根拠はすでに破綻している。それでも市が強引に統廃合を推進するのは統廃合の真の狙いが財政効果であり、かつ都心部の学校跡地で利益を生む民間活用が追加されたことにある。*

*京都市長は次のように発言している。「年間学校運営費二二億円減　施設改善費四四一億円削減、適正規模化による教職員三五八人減で年間三二億円減」「五校を一つの小学校にする、三小と一中で小中一貫校にする。その場合、校長一人、養護一人、事務職一人、プールの大きさも二五メートルで一緒。講堂、体育館の大きさも一緒」「これがいかに財政効果が大きいか」。教育再生実行会議第三分科会第六回議事録（二〇一五年五月一九日）。

跡地活用方針の変化

都心部小学校統廃合によって生じた二〇の学校跡地については跡地審議会を設置し「都心部における小学校跡地についての基本活用方針」（一九九四年）が作成された。跡地は広域的なまちづくり、身近な暮らしのため、将来用地の三用途に分けられ、事業手法は原則として京都市の事業として行うことになった。一〇の学校跡地は既に高齢者福祉施設、総合支援学校、子どもみらい館、京都芸術センター、京あんしん子ども館、京都国際漫画ミュージアム、学校歴史博物館、ひと・まち交流館京都など京都市事業として行われた。

しかし、この頃から国立施設の誘致、第三セクター、公有地信託制度の活用など、跡地活用の多様な事業手法に意欲を見せていた。しかし、当時は、学校跡地は地域住民の財産だった歴史的経過が配慮され、売却や民間活用には歯止めがかかっていた。また当然のことながら地元住民の活動のための使用は継続が保障され、災害避難所としての機能も配慮するとされた。

とはいえ、この時、跡地の活用をコミュニティ単位のまちづくりとして住民主体で取り組むという方針でなかったため、主として市主体で決定されていった。地域の子どもやまちが統廃合によってどう影響を受けたかを検証できていないなど、跡地活用を住民主体のまちづくりに生かせなかった。とはいえ、地元では多様な活動の場にしたり環境を守るため跡地を第二教育施設とするなどの取り組みがあった。

後半の小中一貫校による統廃合になると財政節減だけでなく、利益をあげる資産活用推進が強化される。国の構造改革の動きを受け「京都市の行財政改革に関する提言」(二〇一〇年)では全資産対象に売却や転用推進を提言した。それをうけ学校跡地も民間活用へと舵《かじ》を切り「学校跡地活用の今後の進め方の方針」(二〇一一年)を策定する。この跡地活用方針では事業主体の優先順位を、1京都市事業、2公共的・公益的な団体による事業、3民間事業とした。

特に市以外の事業による活用に対する考え方として、選定基準を市の政策課題への対応に資する事業や地域の活性化に資する事業とした。また活用手法として、定期借地貸付を含め多様な手法による有効活用を図る、原則として売却はしない、部分活用も含めるなどの方針を強調するようになった。二〇一二年には「京都市資産有効活用基本方針」のもと、土地を活用したい業者が跡地活用を提案できる「市民等提案制度」を創設し、民間活用の条件を整えている。

この制度による初の跡地活用は元弥栄中学校である。公益法人日本漢字能力検定協会に六〇年間の定期借地権方式で貸付けられた。二〇一五年四月、学校跡地の所管が市教委から行財政局資産活用推進室に変わった。さらに六月、「事業者登録制度」を導入し、跡地活用希望の事業者のニーズ集約を図る体制を整えた。この時、事業対象跡地として一五の元小学校（西陣、聚楽、待賢、立誠、教業、格致、有隣、安寧、植柳、白川、新道、清水、今熊野、陶化、新洞）の概要が公表された。

市は登録情報を早い段階で住民に知らせ、これまで以上に主体的に参加の仕組みを導入すると説明している。また市は地域コミュニティの活性化につながるよう、住民合意のもとに進めるというが、あくまで手続き中心に見える。①まず事業者の登録情報に基づき情報提供を行い、住民の意見・要望等を市が聴取し、事業者の計画に反映させる、②事業者募集後は事業者選定に住民の意見を反映するため、地域代表者が選定委員に就任する。選定委員は五人、③選定後は事前協議会（地域、市、事業者）で具体的な施設配置や運用について住民の意見を反映できる、④貸付契約締結後から期間終了までは三者協議会（地域、市、事業者）の一員として契約内容の履行の点検や問題解決を図る、といった手続きの仕組みができている。

このように手続きでは多様な段階で住民の意見を聞くことになっているが、住民代表が地域の意見をまとめるための支援や仕組みこそが重要であるのに、それがない。さらに住民参加で重要なのは民間活用でいいのか、事業内容はいいのかという最初の活用方針決定に参加できないことは致命的な欠陥である。

元学校がホテルなどに変われば、地域への影響は学校とは全く異なってくる。どこまで読み切れるか、手を打てるのか住民にとっては大問題である。

市長は学校跡地について「竈金《かまどきん》の精神でつくられた地域立の学校は昭和一六年まで地域の財産でしたが、勅令でもって京都市の財産になりました」といい、民間活用の道を開いた。凌風小中一貫校開校で跡地になった山王小は京都駅南部開発用地にする予定と、当初の跡地活用候補リストからはずされた。

さらに跡地を市の私有物として考えていることが以下の例でもわかる。地方創生の一環として東京一極集中に対する政府機関の移転計画提案募集に対して、京都府と市は文化庁と博物館や美術館等を運営管理する三独立行政法人の移転を求める提案をした。その移転先候補地として京都駅近くの市有地と安寧小、植柳小、陶下小の三学校跡地を挙げている。跡地活用審議会を置いていないため、庁内の検討のみで活用が決定されていく。市が市民とコミュニティの貴重な資産を勝手に活用を決めることはあってはならないことだ。

跡地活用の候補に挙がった元学校情報が地域代表者どまりである。住民にはどこまで情報が入っているのか。民間活用候補になっていることを知らない。九月中旬現在で登録事業者数は二五社、登録件数が七六件になっているという。事業者登録制度の導入で、公開プロポーザルを二回から一回に減らすことに事業者選定の流れが改訂された。二〇一五年六月の元清水小学校の跡地活用では事業者登録制度による新しい選定過程でなく、市民提案制度で推進している（東山の事例は第8章参照）。

跡地活用にどう取り組めばよいか

跡地活用はまちづくりとして住民が取り組むことが重要だ。都心部での統廃合推進のさなか、学校跡地に対して「学校統廃合を考える会」は「より良い京都の子どもの未来とまちづくりのために統廃合校の再利用計画（案）」を提示した（一九九三年六月）。計画（案）は次の三つの考え方を柱にしていた。一九九四年の京都市の跡地活用方針でも、1と2の考え方は示されていず、3の地域コミュニティ活動への配慮も集会所や消防器具庫機能の維持等に限られていた。「学校統廃合を考える会」の跡地に対する考え方は今も通用すると思われるだけでなく、一層重要性を増しているといってよい。

この時の跡地活用（当時は再利用と表記）の三つの考え方についてみてみよう。各考え方の説明は今日の実態をもとに記述している。

1　将来、住民が希望すれば、いつでも学校に戻すことができるようにする。

学校規模はＯＥＣＤ（経済協力開発機構）諸国の多くは一〇〇～二〇〇人規模の学校が標準になっている。小規模校が教育環境として劣るという根拠は結局示されず、むしろ小集団の方が子どもの自己肯定感が高くなる傾向や落ち着きが高い傾向があり、落ち着いている学校ほど学力が高い傾向があるとデータが示している。

統廃合の教育的理由がなくなった以上、統廃合の判断は正しかったといえず、そうなら決定を変えてもいい。人間発達を阻害する競争教育より一人一人を大切にする小規模校に戻す選択があってもよい。広域化した学区の再調整や学校復活という選択を我々が持っていると認識していることは重要である。

2　もともと子どものための空間であったことを尊重して、再利用にあたっても子どもの施設を含むこと。

身近なところに不足している乳幼児から青少年までの様々な世代の居場所や遊び場や子育て支援の場など、安心して子どもを産み育てられる環境づくりに活用する。子どもの文化活動やサークル活動の拠点にしてもよい。様々な世代が顔を合わせる効果も考えられる。学校は教育施設であっただけでなく、放課後の貴重な遊び場であった。大規模統合による子どもの放課後生活への影響は深刻である。身近な学校跡地が遊び場として活用されることが今の子どもへの負担を少しでも減らすことになるだろう。

3　住民によってつくられてきた事実を尊重し、住民の自治とコミュニティの核になるよう再利用すること。

学校跡地の活用は元学区のまちづくりとしてとりくむ。住民にはまちづくり権があり、それが尊重され、住民主体のまちづくりが進むように市の支援を求める。市が進めてきた地域有力者を取り込んだ形だけの地域の合意は許されない。市はコミュニティ活動への配慮をいうが、現在使われている範囲に限定されがちである。コミュニティの人々の暮らしを豊かに健康で文化的な生活をできる活動の場に活用したい。高齢者の交流の場や居場所など高齢者福祉施設としての活用はこれからのコミュニティの絆を深め生活を豊かにすることになろう。

避難所機能についても尊重することになっているが、日常的に使ってこそ非常時にも役にたつ。民間活用で学校跡地が限定的にしか使用できないのでは本当の安全・安心は望めない。
学校跡地は市の所有になったとはいえ住民の貴重な財産である。京都のまちをつくってきた地域自治の拠点であり、営利を目的にした民間事業者に貸与するのは論外である。少子化や最新の教育環境整備のためだから統廃合もやむをえないとか、財政難だから民間活用も仕方がないとあきらめず、愛着のある元学校を少子高齢化社会を迎える地域で豊かに支え合って生活できる場にしていくこと、そのためとことんよい内容と方法を考え出す努力が大切ではなかろうか。地域と学校をどうするかを決めるのは住民であるのだから。

参考資料
国土交通省（２００９）「ＰＲＥ戦略を実践するための手引書」、（２０１４）「まちづくりのための公的不動産（ＰＲＥ）有効活用ガイドライン」、（２０１４）「公的不動産の活用に関する取り組みについて」、（２０１５）「公的不動産の活用事例集」
総務省（２０１４）「公共施設等総合管理計画の策定要請」
池田豊『学校跡地の切り売り』ねっとわーく京都、二〇一五年
「統廃合校の跡地・校舎は地域のコミュニティ空間として再利用を」学校統廃合を考える会提案チラシ、一九九三年

第5章　小規模校・過疎地の学校統廃合と小中一貫校

1　歯止めがかからない戦後の学校リストラ

臨床教育学者の田中孝彦氏は、「学校をなくすことは一人一人の心の中にある〝原風景〟の一つを揺るがせ、それを形成してきた日常生活の構造を激変させ、それによって広い意味での『心的外傷』を負う可能性のある出来事である」（『子どもたちの声と教育改革』二〇〇八年、新日本出版社）と述べている。〝原風景〟は人生の終焉《しゅうえん》を迎えた人が心の拠り所として内在するもので、幼い頃の居住環境などがあり小学校もその一つであろうと言われる。その学校が子どもの減少に伴って、至極当然のようにどんどんと統廃合されていく現実が全国的に見られる。競争社会で生きる子どもにとって「切磋琢磨《せっさたくま》」できない環境で学ぶことは不幸であるとの風潮がその背景にあるが、悲しむべきことと言わねばならない。

筆者の住む京都府宇治田原町の東端に位置し滋賀県との県境にあった奥山田小学校が二〇〇七年に閉校となった。一三一年の歴史をもつ学校でピーク時は一五〇人の児童数であったが一六人にまで減少し、父母や住民は「競争できない子どもが可哀想」との思いから統合を望んだ。そして七年が経過して、学校の灯が消えたことで若者が戻らなくなり旧校区の児童がたった二人になり、高齢化した地域住民が〝原風景〟を失い「可哀想な環境」におかれてしまっている。

戦後長く、公立小中学校の適正規模とされてきたのは、「標準学級数を『一二～一八学級』とし、通学距離を小学校で四キロ以内、中学校で六キロ以内」とした一九五六年の文部省次官通達であった。しかし、そのもとでも戦後の学校統廃合政策は三つの時期をピークとして推進されてきた。第一期は一九五〇年代の「昭和の大合併」（自治体数が一万から三〇〇〇へ）によるもので、「市町村建設促進法（一九五三年）」等のもとで、合併して統合校を建設する際は校舎建設費の国庫補助率を引き上げる（三分の一を二分の一に）などの優先的財政補助、地方債許可などが認められた時期である。

第二期は一九七〇年代の高度経済成長の都市への人口流出による地方の過疎化に伴うもので、「過疎地対策緊急措置法（一九七〇年）」により、校舎建設費の国庫補助率が三分の二まで引き上げられた時期である。そして現在も続く第三期は構造的な少子高齢化、「平成の市町村合併」、学校選択制度や小中一貫校導入等による時期である。経過の中で一九七三年には「小規模校の教育利点も考えられ、そのまま存置する方が望ましい場合もある」とする文部省の「Uターン通達」が出されたものの、統廃合の流れを抑えることはできなかった。

文部科学省の調査によっても一九九二年から二〇〇七年の一五年間で三二一二小学校、八五八中学校、六三六高校が廃校になっており、二〇〇三年以降は毎年四〇〇~五〇〇校の公立学校が消えている。この実態に追い打ちをかけるのが二〇一五年一月、文科省が五八年ぶりに「改正」した「公立小学校・中学校の適正規模・適正配置等に関する手引き」である。その内容は、小学校「六学級」以下、中学校「三学級」以下の単学級校は統廃合を速やかに検討せよ、通学距離は据え置きながらも通学時間を「概《おおむ》ね一時間以内」を目安とすることとある。この背景には、歪《ゆが》んだ新自由主義的教育観を唱える一方で、少子化率に呼応した学校数や教職員数の減少が伴っていないとする安倍政権の効率優先の財政論があり、今後この新「手引き」による学校リストラが一気に加速することが懸念されている。

2　京都における小規模統廃合の現状

全国的状況と同様、京都府にあっても学校リストラが強力に進められ、一九九二年以降の一五年間に七七小学校、一八中学校、五高校が消えている。京都は民主府政時代の〝遺産〟として地域と共同する学校づくりが根づいていた経緯もあって小規模校でも残存してきたが、平成の大合併以降は京都北部をはじめとして行政が主導する統廃合が強力に進められてきている。以下、府内各地での学校統廃合の実態とそれに抗する運動とをとりくみを紹介する。

京丹後市

京丹後市は二〇〇四年四月、峰山・大宮・網野・弥栄・丹後・久美浜の六町が合併してできた自治体で、京都府の最北端に位置し、人口は五万七八四三人を有するが京都市内へ出るには三時間も要する辺境の地にある。戦後間もない頃から教職員組合が地域に根を張り、織物闘争や勤評闘争で地域住民と共に進める生活防衛や教育共同を果敢に進めてきた地域である。民主府政落城後にあっても日の丸・君が代闘争や研修権闘争で京都の教育運動を牽引《けんいん》してきた歴史をもち、〝奥丹後の教育実践〟は津軽（青森）、恵那（岐阜）と並ぶ地域に根ざす教育の〝三大聖地〟と言われてきた。

この地域では集落ごとに児童数が一〇〇人前後の小学校が点在し、小規模校でも存続してきた経緯がある。生徒数六十余人の峰山中五箇分校の統合（一九九二年）をめぐっては、五三号のニュースを発行し有権者の三分の一を超える統合条例廃止を求める直接請求署名が集約され、署名に圧力をかけた当時の町長を告発するなどの住民運動を組織してきた。その奥丹後が大きく転換したのは、六町が合併し京丹後市となり、総務庁天下りで峰山出身の中山市長が着任した以降である。

二〇一〇年七月に「学校再配置計画案」（今後一〇年間で小学校三〇校を一二校に、中学校九校を六校に統合再配置し、将来的には旧六町単位で一小学校・一中学校の小中一貫校をめざす）が発表された。この計画案は、香川県さぬき市の「学校再編計画」の「丸写し」であったことが判明し、教育委員長は「まずかった」と陳謝したものの市長は「問題ない」と強弁した。発表直後から一〇月までに各地域（旧町ごと）での説明会が開かれたが、どの会場でも「反対」「疑問」「撤回」「住民合意を」「拙速」

などの声が相次いで出された。「(全校児童数一〇人の)旧弥栄町野間小は年長の子が年少の子の面倒を見て、仲良くやっているという少人数校の良さを考えてほしい」(野間連合区長)、「住民が反対も賛成も言えないのに結論を押しつけるな」(間人区長)などがその一例で、計画案に賛同する意見はごく少数にとどまったと毎日新聞地元版も報じている。

また、地元住民組織や教職員組合などからも拙速・撤回を求める請願や陳情が八件も出され、その年の九月議会では「学校耐震化計画案」は全会一致で可決したものの「学校再配置計画案」は継続審議となった。しかし一二月議会では、当初計画案を部分修正した(一部の統合校を除外、複式の解消など)修正案が共産党を除く会派で提案し可決された。議会決議後は反対運動もトーンダウンし、「粛々」と学校統廃合が実行化されていった。

再配置計画に沿って前期(二〇一一〜二〇一五)で、三一小学校が一九校に(峰山六→五、大宮三→二、網野六→四、丹後四→三、弥栄五→二、久美浜七→三)、九中学校が六校に(網野、丹後、久美浜で各一校減)統合され、小学校では一気に半減近くまで廃校になるという全国的にも異例のリストラに及んだ。さらに今後も後期(二〇一七〜二〇二〇)計画案として峰山地区で五校減、網野・弥栄地区で各一校減の小学校リストラが見込まれている。新教委制度での第一回総合会議(二〇一五年六月)では、「再配置は当初反対意見が多くあり大変だったが、すすめて良かった」と総括し、統合後の検証は行わないと強弁している。

しかし、統廃合の対象になった関係者の間では様々な「問題あり」の声が聞こえている。その一例を紹介すると、

・拠点校以外の学校からの児童は拠点校の校則などが押しつけられ、不満を持ち荒れる子も増えた。拠点校がない「寄り合い」新設校では事前の協議も不十分なもとでゼロからの出発でバラバラのルールでの学校生活で混乱が起こっている。
・元中学校校舎を使う小学生は手洗い場や理科実験に台を置くなどの不便を強いられる。
・準備不足の統廃合で廃校式も開校式も粛々としたセレモニーに推移し、歴史ある学校の灯が消えるにもかかわらず感動も喜びもない。
・通学問題では、統合された小学校は全児童がマイクロスクールバス通学でバス時刻に合わせた早出登校、学校生活が強いられ、中学生は毎朝七時半からの部活（一〇〇パーセント加入）に合わせたスクールバス（一部大型）利用で教職員も校門での出迎えが当たり前になっている。インフルエンザが流行するとバスの中で感染したという事例も。
・機織物や鉄づくり等の地域産業連携、地産食材での学校給食などで全国的にも名を馳せた「地域と共に歩んだ学校づくり」が広域になって困難化し、地区運動会や敬老会への児童の参画が厳しくなって地域と学校の結びつきが弱まってきている。

（この項は奥丹後教職員組合の東好彦委員長、山下和男前書記長からの聞き取りを参考にした）

伊根町

〝舟屋〟などで有名な伊根町は人口二二八八人の小さな自治体でありながらもこの間、京都府の圧力をはねのけ住民投票で合併反対を意思表示した府内唯一の自治体である。「小さくても輝く自治体」

として在り続け、住民の学校への愛着も高い地域だ。過疎化が急速に進行する地域で筒川小が一九九四年に、朝妻小が二〇〇五年に廃校となり、二〇〇九年には町教育委員会から伊根・本庄地区にある二小学校（伊根小、本庄小）・二中学校（伊根中、本庄中）を各一校として伊根地区に統合するとの方針が出された。町村合併問題を契機につくられた「愛する伊根町を守る会」では、学校統合はまちづくりの根本に関わる重大な問題であるとの観点で学習、行政との懇談、ビラ配布などを精力的にとりくんだ。「住民との合意」を大事にする町教委の姿勢もあり、町教委として「保護者アンケート」を行い、「小学校は統合しない（五六パーセント）、中学校統合はやむを得ない（六五パーセント）」の結果を踏まえて、小学校の統合はしないことを決めた。中学校は伊根中一校に統合されたが、これも一定の住民合意に基づくものとして「守る会」としても受け入れることになった。

（この項は「守る会」代表山崎住男さんの報告〔教育センター刊『ひろば』一六一号〕を参考にした）

福知山市

福知山市も二〇〇六年一月に近隣の大江町・夜久野町・三和町の三町を吸収合併した自治体で、人口は八万七七六人である。もともと福知山市は「教育の町」という名のもとに一九六〇年代には「こだま教育」の異名をとる官制道徳にも熱心なところであったが、周辺の三町は住民本位の自治体行政を重視する伝統を持ち、合併を強いられるもとでも住民の意向を無視しない行政姿勢が見られたところである。

市教育委員会の意向を受けた「市学校教育審議会」は、二〇〇八年八月に「今後の学校教育のあり方——学校規模・学校配置の適正化の基本的考え方」を示した「中間答申」を出し、意見募集を経て二〇〇九年三月には「最終答申」を出した。その概要は「複式学級の解消、学級規模を二〇人に、スクールバスの運用」を旨とするもので、各地域での説明会が開催された。そこで出た多くの意見や疑問も踏まえて同年八月には市教委が「ご意見のまとめ」なるものを出したが、二〇一〇年一二月には「学校教育改革推進プログラム〈子どもたちの明日のために〉」を当初予定より一年遅れて発表した。

それによると、前期計画として二〇一四年をメドに複式学級を複数抱える小学校を対象に二六校を二一校に統廃合する、後期計画として二〇二〇年をメドに中学校も推移を見守るとした。この計画に沿って、二〇一三年には旧夜久野町の三小学校が新設の夜久野小として夜久野中との小中一貫校として統合され、二〇一五年には三岳小、川合小の二校を統廃合した。しかし、このプログラムは必ずしも当初計画通りには進んでいない。そこには、「福知山教育ネット」(「福知山の子どもと教育を考える会」の略称)を中心とする住民の粘り強い反対運動の反映が見られる。

「福知山教育ネット」は二〇〇八年六月に地域や団体の代表者を世話人とし、退職教職員の会や教職員組合を事務局として設立された。学校統廃合だけでなく高校入試問題や教科書採択問題など幅広い教育問題で、山本由美氏など専門的講師を招いての学習会を軸に、市教委への意見・提言、公募意見の組織化、市教委説明会への参加・発言などのとりくみを精力的に展開した。そのもとで統合の対象になる小規模小学校区ごとに多様な住民組織である「考える会」などが組織され、自治会や公民館、ＰＴＡ役員などにも粘り強く働きかけた。

市教委の説明会参加は当初、ＰＴＡ会長や自治会長など特定の人たちに限定されていたが、申し入れにより誰でも参加し、意見が述べられるようになった。旧三町と旧市内中学校区単位での説明会には各七〇～八〇人の住民参加があり、自治会長を先頭に「地元の声を聞け」「拙速にすすめるな」などの意見が出された。旧市内の周辺にある佐賀小学校区では「佐賀の教育を考える会」が立ち上げられ、地元の幅広い団体の有志が結集し文字通り当事者の子どもと父母、地元住民の意向を問う住民アンケートも実施した。二〇一一年九月に行った全児童と保護者を対象としたアンケートは一五〇人分が回収され約九〇パーセントが「佐賀小を残す」、同年一一月に行った全住民対象のアンケートは三五三人分が回収され約八七パーセントが「残せ」の声を上げた。今年度に入り、市教委は退職した管理職などを動かしての「巻き返し」を図ってきているが、全校児童二八人（二〇一五年五月現在）の佐賀小は今も統合を食い止めている。

佐賀小を含めて全校児童が四五人未満の小学校が、天津・上六人部・中六人部・金谷・美鈴・有仁・兎原など八校があり、いずれも統合の対象校となっているが、拙速な学校リストラを許さない多様なとりくみや校区の事情を抱え「歯止め」をかけている。

（この項は福知山教育ネット前事務局長の山本賢二氏や福知山市教組役員の畔柳晋介氏からの聞き取りを参考にした）

南丹市

南丹市は二〇〇六年に園部・八木・日吉・美山の四町が合併、人口三万三〇三五人を有する府内ほぼ中央の山間部にある自治体である。美山は「茅葺《かやぶ》きの里」としての名を馳せ、園部は元自民党幹事長の野中廣務氏の出身地でもある。

二〇一一年六月、市教育委員会は「学校教育環境整備等検討委員会」を設置し、半年後には「学級構成人数は一八~二〇人程度は必要」とする答申を受け、二〇一二年五月に「南丹市立小学校再編整備基本構想」を発表した。それによると二〇一四年度から三年間で一七小学校を七校に減らし旧町中心部の学校に統合する（園部の三校、八木の三校、美山の四校をリストラ）とし、直後からPTAへの説明会を始めた。

京都新聞の報道で初めて知った住民らは「母校を残したい」「あまりにも拙速だ」などの怒りの声を上げ始め、小学校区単位の説明会でも「はじめに結論ありきだ」「PTAの要望が反映されていない」「統合で更なる少子化がすすむ」などの批判や不安の声が相次いだ。PTA有志や卒業生有志等で「南丹市の小学校統廃合問題を考えるネットワーク」（略称「ネットワーク」）も立ち上げられ、二〇〇人規模のリレートーク集会や要望書提出などにとりくんだ。

市は、学校統廃合は教育問題として市教委の土俵ですすめ、幅広い住民の声を封殺しようとしたが、園部地域の全PTA会長も連名で「一年延期」の要望を出し、傍聴席満席の教育委員会の様子もネットワーク発刊の「南丹かわら版」（二万二〇〇〇部）が新聞折り込みで市内全域に届けられた。そうした世論を背景に市教委は一週間後に「園部での統廃合は一年延期」を決めざるを得なくなった。対象校の西本梅小学校区でも「存続を求める」住民過半数の署名を提出するなどの動きもあり、市議会初の公聴会も持たれたが、六月の市議会本会議では賛成多数で条例改正案が可決され、統廃合が原案通りで本決まりになった。しかし、運動の結果として統合校の過大化への配慮、通学バスの安全と遠距離対策、跡地活用と地域振興等の強化を盛り込む「附帯決議」を付けさせるなどの成果もあり、ネットワークはその後も新たな住民運動を住民本位で発展させるとりくみを進めている。

二〇一五年の一〇月には統廃合された学校の児童及び保護者を対象に「アンケート調査」を行い、現在集約し検証を進めているが、その一つに次のようなコメントがあった。

「新しい学校に子どもたちは馴染んできているが、多人数になり子も親も『目立たなく』なったから、どこか気の緩んだところがある。子どもは忘れ物をしても目立たず、親は参観に行かなくても目立たず、出番がなくても過ぎていく」と、かつての〝おらが学校〟の愛着心が薄れていく心情を語っておられる。

（参考文献：日本共産党発行『議会と自治体』二〇〇五号、原田久氏の報告）

3　複式学級は「地獄」？

複式学級の文科省編成基準は「義務標準法」により、「二個学年で小学校一六人（一年生含みは八人）、中学校八人」となっているが、編成裁量権は各府県にあり京都府では小学校一二人（一年生含みは五人）となっている。二〇一三年度統計では全国では五一三五学級（全学級の二・二パーセント）、京都府では四〇学級（〇・八パーセント）設置されている。

この「複式解消」論が「切磋琢磨《せっさたくま》」論とともに、行政が統廃合を誘導する口実になっている実態がある。複式学級の実状を詳しく知らない父母にとっては「複式は地獄?」のように思っている傾向も否めない。しかし実際に複式学級で学ぶ子どもや父母たちは、その実績を認めており、加配教員が配置される丁寧な個別指導で学力も向上することに確信を持っている。福知山市の統合対象校の説明会では市教委もこの複式の良さを知る父母を前にして「地獄」論を主張することができなかった。

複式学級を持つ学校には定数外の複式加配教員が県や市町村の単費で配置しているところが多くあり、習熟度に応じるなどのゆきとどいた少人数授業が展開されている。二つの学年を同時授業する授業方法も僻地《へきち》教育研究の分野で交流し検証されている。二学年同時に同じ教材を直接指導できないためにワークシートや視聴覚活用、児童による討論などの間接指導を時間配分して取り入れる、「わたり」(教師が二学年を渡り歩く)、「ずらし」(単元の学習過程をずらす)など。音楽や体育、道徳、総合などの時間は同単元同教材での指導が可能とされている。

「複式への偏見」や「切磋琢磨」論の背景には、今日の学校教育が学力テストの横行に象徴される「点数競争」主義があり、すべての子どもたちの豊かな成長発達よりも優勝劣敗の教育観が支配的になってきていることとの反映といえる。

日本の小中学校は教育機関への公的支出の割合がきわめて低く抑えられていることから(対GDP比でOECD加盟国二八か国中二七位)、学校や学級の規模が世界の水準よりも超過大になっていることを日本では当たり前のように受け入れている。だが、学校規模が三〇〇人を超えるのは先進国ではアメリカぐらいで、学級規模も日本の平均規模(小学校で二七・九人、中学校で三二・七人)を超えるのは韓国やチリぐらいしかない。「大きな学校では主体性が育ちにくい、小さな学校は授業や学校を自分たちでつくり上げる」とした有名なアメリカのコールマン報告（一九六六年）や、一〇〇人を超えない学校規模を勧告するＷＨＯ（世界保健機関）の指摘でも示されたように、今や「小さな学校」「小さな学級」が世界の流れなのである。「歩いて通える距離にある学校」「クラス全員の顔が見えて下の名前で呼び合える人数の学級」が相応《ふさわ》しい環境であり、小さな学校・学級こそが光り輝く存在として認知されなければならないだろう。

4　光り輝く小規模学校

全国には小規模校でありながらも光り輝く学校は数多くあるが、ここでは京都府京田辺市立普賢寺《ふげんじ》小学校を（ＨＰなどによって）紹介する。

普賢寺小学校は一四二年の歴史をもち京田辺市の西南端に位置し、市内九つの小学校では全児童数（二〇一五年度、七一人）が最少の学校である。しかし、この一〇年近く児童数が大きく減少しないのは地域住民が学校を支えているのと、小規模特認校（二〇〇七年、京田辺市教委指定）として校区外の市内児童（二〇一五年度、三三人）を受け入れていることがある。

この制度は、競争教育の弊害として増加するいじめや不登校問題や過疎地の課題を解消するために他の通学区にあっても自宅通学を条件に転学できるとしたもので、文科省も学校選択の一つの適用事例として認知している。

今春入学した児童の保護者も、学校紹介HPで次のような感想を発信されている。

「入学して五か月、日常的に上級生と接するようで学校の皆が友だちです。皆面倒見がよくいい子だなあと感じます。入学前の公開行事であいさつする在校生を見て、（しっかり話せるなあ）と感心していました。我が子も何かの役を任されてがんばっているようです」

この学校に八年間勤務し二年前に退職した（二〇一四年は新採指導教員）府金隆清さんは最終年度に一三人の六年生を担任し、年間一五四号に及ぶ学級通信「輝く瞳」を発刊。その実践をまとめた教研レポートで別項のように報告している（次ページ。要旨のみ引用）。

筆者も、一九七〇年頃に普賢寺小学校の上級にあたる田辺中学校に勤務したことがあるが、今でも心に残っていることがある。それは中一を担任した初めての家庭訪問でこの地域を訪ねたとき、何人かのお母さんが開口一番「A子ちゃん、どうしていますか?」と聞かれたことである。わが子のことよりも小学校で課題のあったA子ちゃんのことを気にかけての問いかけは、まさに地域で子どもの成長を願うもとで、小学校と地域が太い絆《きずな》で結ばれていることを感じさせる象徴的な場面であった。

全国的にも統合しないで小規模校の良さを生かして輝く学校は無数にあるだろう。HPなどで検索しても紹介されている。

宮崎県五ヶ瀬町では小学校全児童数が二五七人であるが四つの小学校（鞍岡小五二人、三ヶ所小一〇六人、坂本小四五人、上組小五四人）が統合しないで「五ヶ瀬教育ビジョン」にもとづく「G授業」の

別項　府金隆清さんのレポートより

小さい学校『でも』光り輝くのではなく、小さい学校『こそ』光り輝くのです。まさにスモール・イズ・ビッグです。６年生は異年齢縦割りの全校集団のリーダーとして、全校朝礼や児童集会を仕切り、夏祭りや運動会、グループ遊びなどで指導的役割を果たし、13人全員の出番がいっぱいあります。彼らもそうだったように、下級生はそんな６年生の姿を見ながら学年を重ねていき、やがて『６年生らしい６年生』になっていきます。クラスの中で勉強や問題行動などで課題があっても、同じ歩みを共有してきた「小規模学校の少人数学級」だからこそ課題をオープンにし、みんなが我が事として考え合い、学び合い成長の糧にしていけます。かつて勤務してきた大規模校ではみんなを輝かせることが出来ず、教師としても悩み落ち込むことも多かった私ですが、この『小さな学校』によって「学校観」そのものが変わり、教員として息を吹き返し“有終のやりがい”を胸に教師生活を終えられて本当に幸せです。『小さな学校』ならではの“子ども・教職員・保護者・地域相互の近く、親しく、濃いつながりが醸し出す空気”に勝る教育環境はないと私は確信しています。

システムで最適人数に応じた授業形態をとりいれている。たとえば全六年生が一つの学校に集合し「音楽の合同授業」を行う一方で、「空き」になった六年担任が加わって各学校の五年生クラスで「算数の複数少人数指導」を行うというもの。学校そのものは残しながら、音楽や体育の授業を適正規模で展開するという工夫である。

徳島県三好市の山城地区にある三つの小学校（下名小一六人：五、六年は複式、政友小五人：五、六年複式、山城小六六人：五年一三、六年一二）では、有名な「かずら橋」が近くにある山間部で一堂に会するのも難しく、タブレット端末を用いて、同じ授業を受け映像を送受信して交流を図っている。

こうした地域では行政を先頭に叡智《えいち》

を集めて、地域の学校を存続させることを第一義とした姿勢が伺える。

5　京都府内の過疎地での小中一貫校

京都府内の過疎的傾向にある地域でも、以下に紹介するように小中一貫校が増えてきている。ただそれらは、都心部での一貫校とは趣旨や設立背景を異にしている。過疎地の一貫校では、学校として先進モデル校のような自負心も薄く、六歳から一五歳までの異年齢集団が仲睦《むつ》まじく交わり、支え合っている日常が見受けられる。

〈京都市立花脊小中学校〉京都市の最北東部にあり、冬場は雪深く旧京北町、美山町、滋賀県朽木村に隣接する地域で、二〇〇七年に別所・八桝・堰源の三小学校と花脊第一・花脊第二・堰源の三中学校の六校が統合して設立。全校児童・生徒数は三〇人。

〈京都市立京都大原学院〉「三千院」近くの京都市街地北東一五キロメートルに位置し、二〇〇九年に大原小と大原中を一体化して設立。全校児童・生徒数は約七五人。

〈福知山市立夜久野学園〉二〇一三年に旧夜久野町の精華・育英・明正の三小学校と夜久野中の四校が統合して設立。全校児童・生徒数は一八八人（全学年一クラス）、九年間クラス替えなし。四―三―二制。

〈綾部市立上林小中一貫校〉二〇一五年に綾部市の山間部にある上林小と上林中が耐震化の必要性から一校になり、後から小中一貫の看板がついた。全校児童・生徒数は五二人で形だけの四—三—二制。

〈亀岡市立亀岡川東学園〉二〇一五年に川東小と高田中の二校が校舎老朽化の対策として一校に統合した経緯で未整備の施設あり。全校児童・生徒数は二四九人で全学年一クラス。

こうした過疎地にあっては小中一貫校といえども将来灯が消える可能性があり、どうして存続を図るかを課題とした「小中一貫教育小規模校連絡協議会」が京都大原学院を中心として設立され、二〇一五年一一月には同協議会の主催による第一回「小規模校サミット」が京都大原学院で開催された。

こうした動向を注意深く検討する必要があろう。ただ、検証されていない小中一貫校のメリットが、〝小規模校の良さ〟にすりかえられている点が気になるところである。

第6章　教育財政から見た小中一貫教育

1　「地方創生」と学校統廃合

　現在、「選択と集中」の理念による新自由主義的政策が急激に進みつつあり、そういった背景の中で学校や社会教育施設だけではなく、市町村そのものを減らしていく方針が立て続けに提示されている。その一つが日本創生会議・人口減少問題検討分科会の報告書「成長を続ける二一世紀のために『ストップ少子化・地方元気戦略』」（通称「増田レポート」）である。増田レポートは、二〇一四年五月に発表され、発表された当初は多くの地方自治体に衝撃を与えた。同レポートでは、二〇～三〇歳代の女性人口に着目し、その人口が五〇パーセント以上減少する自治体を「消滅可能性都市」、なかでも人口が一万人に満たない自治体を「消滅可能性の高い自治体」として公表し、二〇四〇年までに全国の市町村の半数が消滅する可能性があることを提示した。さらに、レポートにおける提言では、

「ストップ少子化戦略」と「地方再生戦略」を二つの柱として、「地域拠点都市」へ様々な機能を集約することによる「選択と集中」を提起している。

この報告書を受け、政府は地方創生担当大臣と、まち・ひと・しごと創生本部を設置し、「地方創生」政策を打ち出した。その中心となる「まち・ひと・しごと創生総合戦略」では、市場化・民営化を活用しながら「行政の集約と拠点化、拠点都市への公共施設・サービスの集約を図っていくこと」（岡田〔2015〕）を進めるとしている。この方針を推進していくにあたって、公立小中学校に関する二つの資料が総務省、文科省から提示された。その一つが「公共施設等総合管理計画」策定の要請であり、もう一つが「公立小学校・中学校の適正規模・適正配置等に関する手引――少子化に対応した活力ある学校づくりに向けて」（以下「統廃合の手引」）である。

「公共施設等総合管理計画」は、二〇一四年四月に総務大臣通知により策定要請され、二〇一三年に策定された「インフラ長寿命化基本計画」に基づき、「長期的な視点をもって公共施設等の、更新・統廃合・長寿命化などを計画的に行うことにより、財政負担を軽減・平準化するとともに、公共施設等の最適な配置を実現」しようとする計画である。ここでいう公共施設等には、もちろん学校も含まれる。この計画を推進するため、政府は、二〇一四年度地方財政対策及び地方債計画において、公共施設等総合管理計画に基づく公共施設等の除去についての地方債（除去債）の特例措置を発表した（資料6－1）。除去債の特例措置によって、従来、一般財源で行われていた施設解体事業といった公共施設等の除却に対し、地方債の起債を可能にし、それによって施設解体事業に関する費用を捻出しやすくしたのである。

資料6－1　公共施設等総合管理計画の策定推進のための財政措置

財政措置	期間	措置率・充当率	2015年度地方債計画計上額
計画策定に要する経費について、特別交付税措置	2014年度からの3年間	交付税措置率：50%	
計画に基づく公共施設等の除却について、地方債の充当を認める特例措置	2014年度以降当分の間	地方債充当率：90%（資金手当）	340億円（事業費ベース：450億円）
計画に基づく公共施設の集約化・複合化について、公共施設最適化事業債（仮称）を創設	2015年度からの3年間	地方債充当率：75%（資金手当）交付税参入率：50%	410億円（事業費ベース：450億円）
計画に基づく公共施設の転用について、地方債措置を創設（地域活性化事業債の拡充）	2015年度からの3年間	地方債充当率：75%（資金手当）交付税参入率：50%	90億円（事業費ベース：100億円）

（資料）総務省関係資料から筆者作成

「統廃合の手引」は「まち・ひと・しごと創生総合戦略」に「公立小・中学校の適正規模化、小規模校の活性化、休校した学校の再開支援」が位置付けられたことを経緯として、作成された。「手引」では、具体的に適正規模・適正配置に関して記述がなされている。適正規模に関して、五学級以下の小学校、二学級以下の中学校においては、「一般に教育上の課題が極めて大きいため、学校統合等により適正規模に近づけることの適否を速やかに検討する必要がある」と記述された。

また、学校の適正配置に関しては、小学校でおおむね四キロ以内、中学校ではおおむね六キロ以内という通学距離に基づく考え方のほかに通学時間に基づく考え方を示している。そこでは、スクールバスなどの「適切な交通手段が確保でき、かつ遠距離通学や長時間通学によるデメリットを一定程度解消できる見通しが立つということを前提として、通学時間について、『おおむね一時間以内』を一応の目安とした上で、各市町村において、地域の実情や児童生徒の実態に応じて一時間以上や一時間以内に設定することの適否も含めた判断を行うことが適当である」としている。このように「統廃合の手引」では、学校の適正配置に関してそれぞれの学校が受け持つ学区を広げており、これに基づいて考えると公立小中学校の数を削減する論理がより一層働くことになる。

2 財界の動きと小中一貫教育の導入

これらの学校統廃合の動きは「統廃合の手引」が作成される以前からの財界の動きも背景にしてある。二〇一四年一〇月二七日に開かれた財政制度等審議会財政制度分科会では、小中学校の公財政支出に関して議論された。分科会では「日本の小中学校向け公財政支出は、国際的に低い水準であると指摘もあるが、日本は諸外国に比べて子供数が少ない」「日本の小中学校向け公財政支出を在学者一人当たりで見るとOECD（経済協力開発機構）平均よりも高く、特にG5諸国中で高水準」「日本国民負担率が国際的にみて低水準であることをふまえ、日本は小中学校に十分に手厚い予算措置が行われているといえる」という認識の元、「教員給与（人件費）に多額投資を続けることが効率的な教育

資料6－2　過小規模校を解消した場合の機械的試算

現状	現状の学校数	統合後の学校数	学校数の減	教員数の減
北海道	1,147	828	－ 319	－ 2,183
東北	2,086	1,570	－ 516	－ 2,740
関東	5,052	4,831	－ 221	－ 1,304
中部	3,566	3,187	－ 379	－ 2,000
近畿	3,326	2,946	－ 380	－ 2,068
中国	1,623	1,239	－ 384	－ 2,098
四国	976	617	－ 359	－ 1,991
九州	3,060	2,293	－ 767	－ 3,650
小学校（全国）	20,836	17,511	-3,325	-18,034
中学校（全国）	9,784	7,647	-2,137	-
全国小・中計	30,620	25,158	-5,462	-

（資料）分科会資料より筆者作成

投資といえるか疑問であり、教員定数、給与水準両面で効率化を図る必要」があるとされ、教員定数の合理化や学校規模の適正化の方針が提示された。また、分科会内で、「過小規模校を解消した場合の機械的試算」（資料6－2）が示され、三五人学級から四〇人学級への引き上げによって、五四六二校小中学校が減少し、国負担八六億円地方負担一七二億円の負担減される指針が提出された。財政制度分科会での議論を踏まえ、こういった教職員を削減していく方針は、二〇一五年度予算の編成等に関する建議に引き継がれている。

これらの方針に代表されるように、教育費削減のための学校の統廃合のさらなる推進が目指されており、小中一貫校の導入は学校統廃合の手段として位置付けられる可能性をもつ。実際に、全国に先駆けて小中一貫教育を進めた呉市は、財政危機がその推進の一端を担っており、財政と小中一貫教育の推進は切り離せない関係にあると考えられる。

また、二〇一五年度に、新たな学校の種類を制度化する法律の成立がなされ、小中一貫校に対応する義務教育学校という概念が盛り込まれ、制度化された。そこでは、従来、小学校同士、中学校同士の統合の場合のみ国庫負担の対象とされてきたが、小学校と中学校を統合して義務教育学校を設置する場合も追加され、小中一貫校導入による各市町村の財政負担額が減少するように措置され、施行される二〇一六年度以降、小中一貫校導入による統廃合が進む可能性がある。

これらの小中一貫校導入に関する方針の中で、多くの自治体で先行して小中一貫校が導入されている。朝日新聞が二〇一三年に調査した施設一体型小中一貫校一〇〇校のうち、三分の一程度が小中学校合わせて三校以上が統合した小中一貫校であった。つまり、小中一貫校の導入によって、学校統廃合が進んでいるのである。さらに、小中一貫校の導入による学校統廃合によって小中学校の運営費の削減が図られている可能性がある。

そういった学校統廃合と財政の関係性の中で、小中一貫校、小中一貫教育の導入は、自治体財政にどのような影響を与えるのだろうか。学校統廃合によって財政負担は軽くなるのだろうか。以下では、町田市、鴨川市、信濃町の事例を元に小中一貫校導入の財政的側面について述べていきたいと思う。財政状況を把握するため、町田市、鴨川市では一般会計に基づく決算書を用い、信濃町では普通会計に基づく決算統計を用いた。

また、学校数などは学校基本調査や各自治体が発表している統計資料を用いている。小中一貫教育

資料6－3　町田市の児童生徒数と学級数の推移

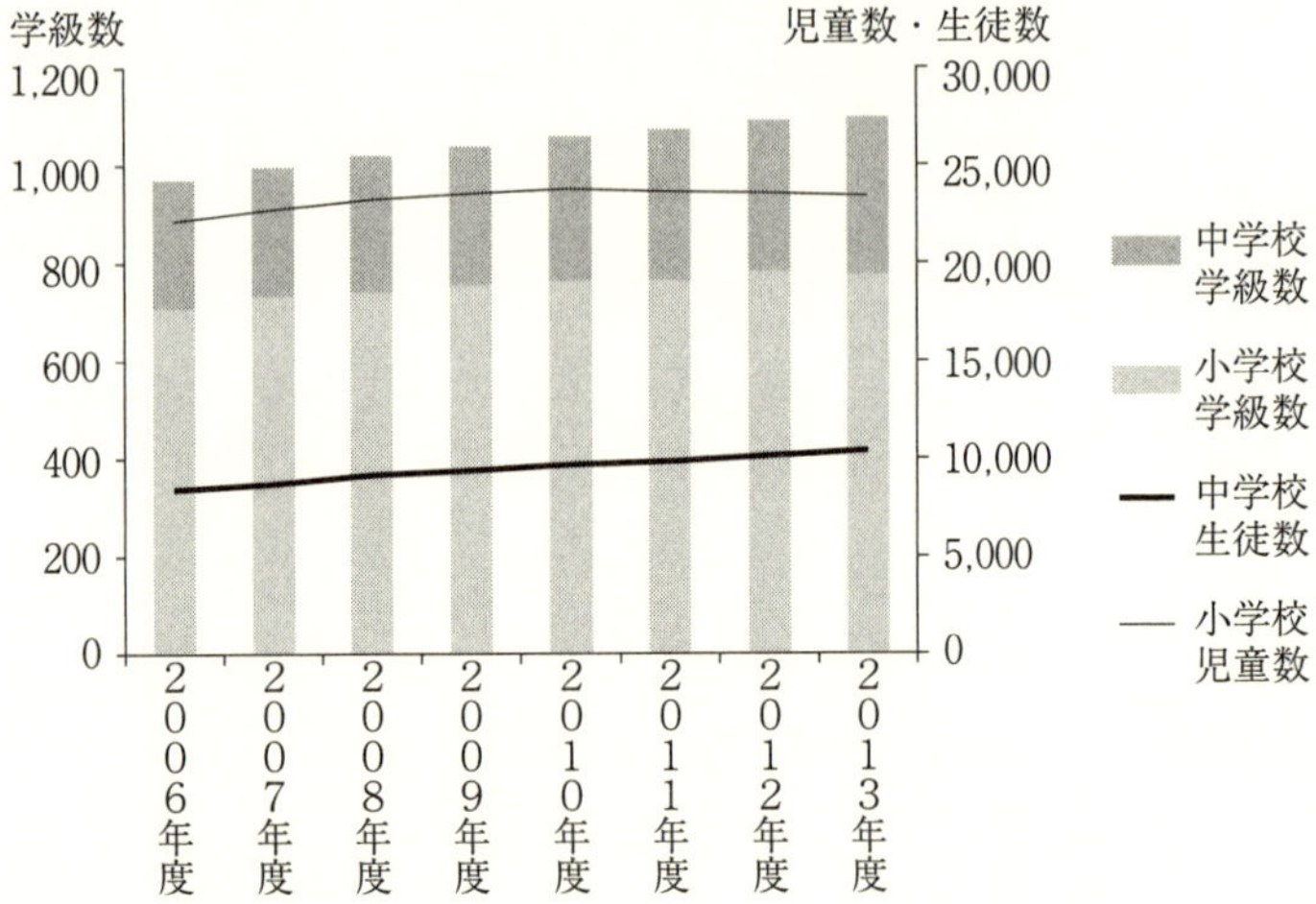

（資料）学校基本調査より筆者作成

に関する事業を抽出するために、主に、事業や科目の名前に小中一貫という名前が付いている事業費だけを機械的に見ていった。

町田市における小中一貫教育の導入と財政

町田市はベッドタウンの性格を持ち、人口四二万六〇〇〇人の自治体である。それぞれ児童数、生徒数、学級数は資料6－3のように推移しており、児童数は二〇一〇年度をピークに減少傾向にあるものの、生徒数は増加傾向にある。町田市には現在、四二校の小学校、二一校の中学校があり、町田市の人口増と相まって、二〇〇九年度には図師小学校、二〇一〇年度には小山中央小、二〇一二年度には小山中学校が新設されている。一方で、学区内の少子化に伴い、二〇一二年三月に本町田中学校が閉校している。小中一貫教育に関する動向としては、二〇〇七年度から「小中一貫指導推進校」のモデル校として大戸小学校・武蔵岡中学校や木曽境川小学校・木曽中学校などを指定し、そこで教員の連携、児童・生徒の連携、カリキュラムの連携、地域との連携を行ってきた。大戸小学校・武蔵岡中学校が統合した、ゆくのき学園を二〇一二年度に合同校舎型小中一貫校として設置している。そして、二〇一三年度からは小・中学校全校を対象に、各中学校と、その中学校が進学先となる小学校を合わせたブロックである「小中一貫（連携）教育推進地区」の指定を行い、市全域での小中一貫教育を進めている。町田市の小中一貫教育は、「小中一貫町田っ子カリキュラム」を作成し、規範教育、キャリア教育、食育という三領域に関して、基礎期（小学校一～四年）、充実期（小学校五・六年、中学校一年）、発展期（中学校二・三年）の三つの段階で連続的に行われている。

町田市の教育費の財政構造を見ていく。町田市の教育費決算は二〇一三年度決算において一三八億二四〇〇万円あり、歳入の一〇パーセントを占める。町田市の教育費は、教育総務費、小学校費、中学校費、幼稚園費、生涯学習費、保健体育費からなり、小中学校に関わる項は教育総務費、小学校費、中学校費である。資料6－4がそれらの項の推移である。二〇〇八年度、二〇〇九年度、二〇一二年度に小学校費が増額しているが、これは小学校新設にかかる建設事業費のために決算額が高くなっている。また、二〇一一年度の中学校費の増額は中学校新設事業を行ったために高くなっている。

町田市では二〇〇六年度以降、小中一貫教育推進事業を行っている。その額は二〇一三年までで約一億九七二〇万円にのぼる。また、町田市の小中一貫校は合同校舎型一貫校のため、校舎の増改築を行っている。そのため、新校舎の設計整備事業や備品移動を行い、その事業費は約三億五一六五万円（うち国庫支出金補助八〇二万円）であった。小中一貫校整備にかかる事業費は主に二〇一〇年、二〇

資料６－４　町田市の小中学校に関する項の推移

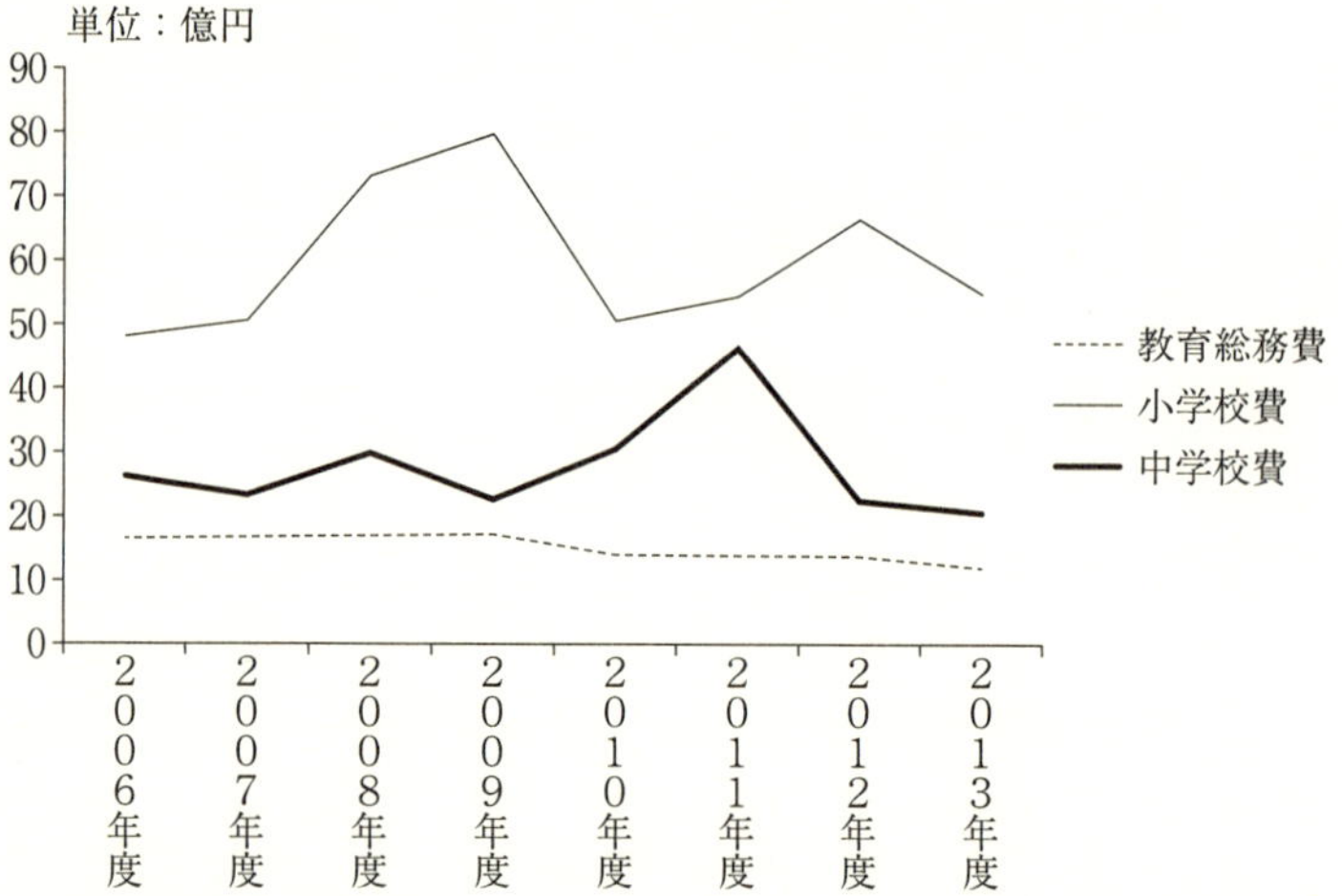

（資料）決算書より筆者作成

一一年の小学校費内に計上されている。

　次に教職員を見ていく。小中一貫校化による教員数の変化は大戸小学校・武蔵岡中学校ともにみられなかった。しかし、町田市の学校の多くにはそれぞれ校長と教頭が一名ずつ配置されているが、ゆくのき学園では、小中合わせて校長一人副校長二人の体制で運営をしており、小中一貫校化によって八王子市同様に校長数を一人減らしていることがわかる。学校職員は元々、大戸小学校には八人、武蔵岡中学校には四名の職員がいた。しかし、小中一貫校化することで小中合わせて九名になり、三名（うち都費職員一名）職員数を減らしている。

　このように、町田市では小中一貫教育の推進のため、その関連事業が始まった二〇〇六年度以降、その推進事業費や建設事業費に五億四九〇〇万円に上る費用をかけてきた。一方で、小中一貫校の導入によって、三名分の職員の人件費を削減した、と考えられる。

資料6－5　鴨川市の生徒児童数と学級数の推移

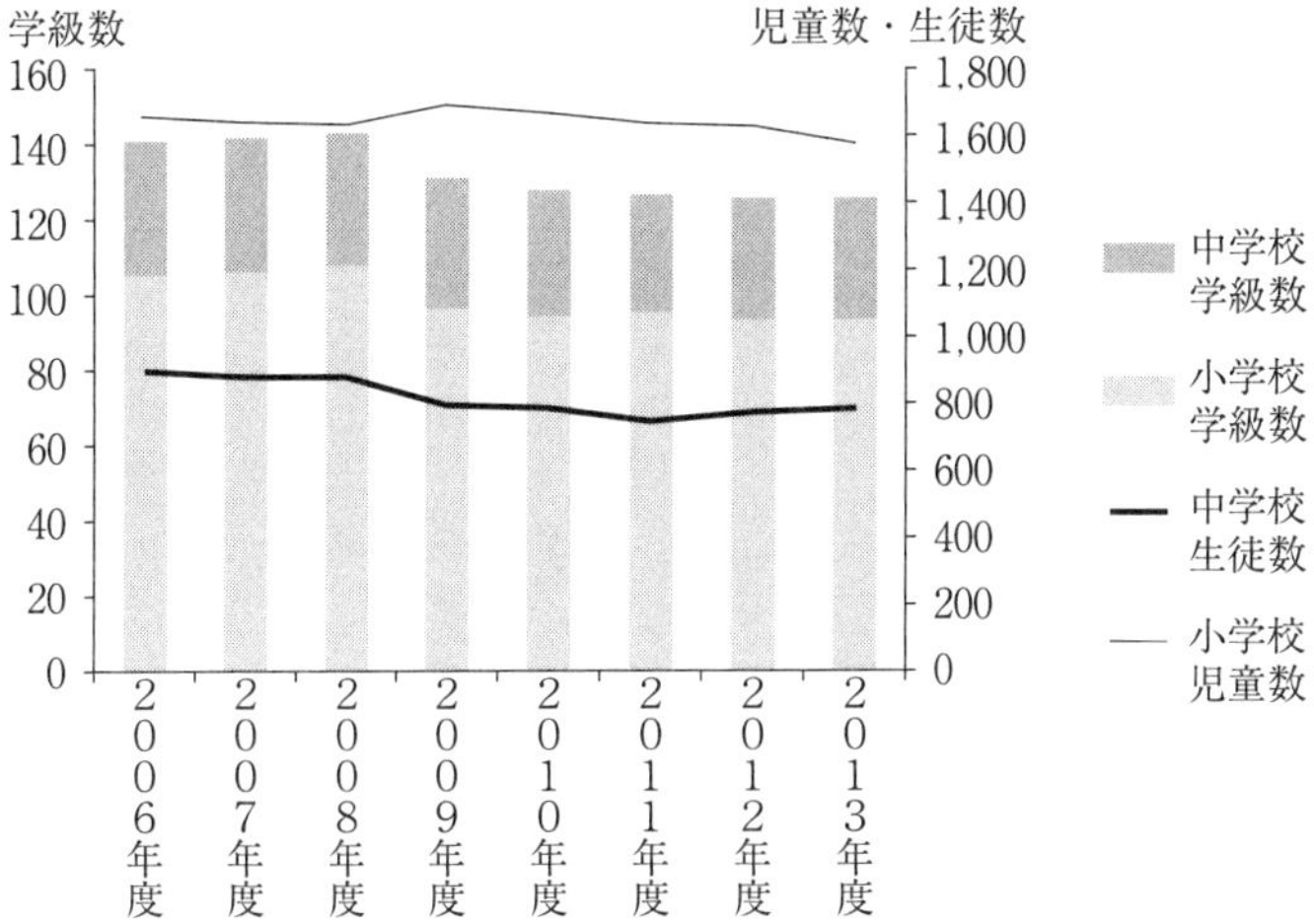

（資料）学校基本調査より筆者作成

鴨川市における小中一貫教育の導入と財政

鴨川市の事例を見ていく。鴨川市は房総半島南西に位置する人口約三万四〇〇〇人の自治体である。それぞれ児童数、生徒数、学級数は資料6－5のように推移しており、児童数生徒数ともに時折増加するも、ここ八年を見ると減少傾向にある。

鴨川市には、二〇一三年度において小学校一〇校、中学校三校が設立されている。二〇〇九年三月に主基、吉尾、大山小学校が廃校になり、長狭中学校と統合した小中一貫校として長狭小学校が翌四月に新設され、九月に新校舎が設立された。また、二〇一一年四月に江見中学校、鴨川中学校を統合し、鴨川中学校が新設されている。

鴨川市では、前期（一年目～四年目＝学びや生活の基礎となる力を身につけていく期）、中期（五年目～七年目＝学びを追求し、人間関係を作る力をつける期）、後期（八、九年目＝学びを伸ばし、自分の生

資料6－6　鴨川市の小中学校に関する項の推移

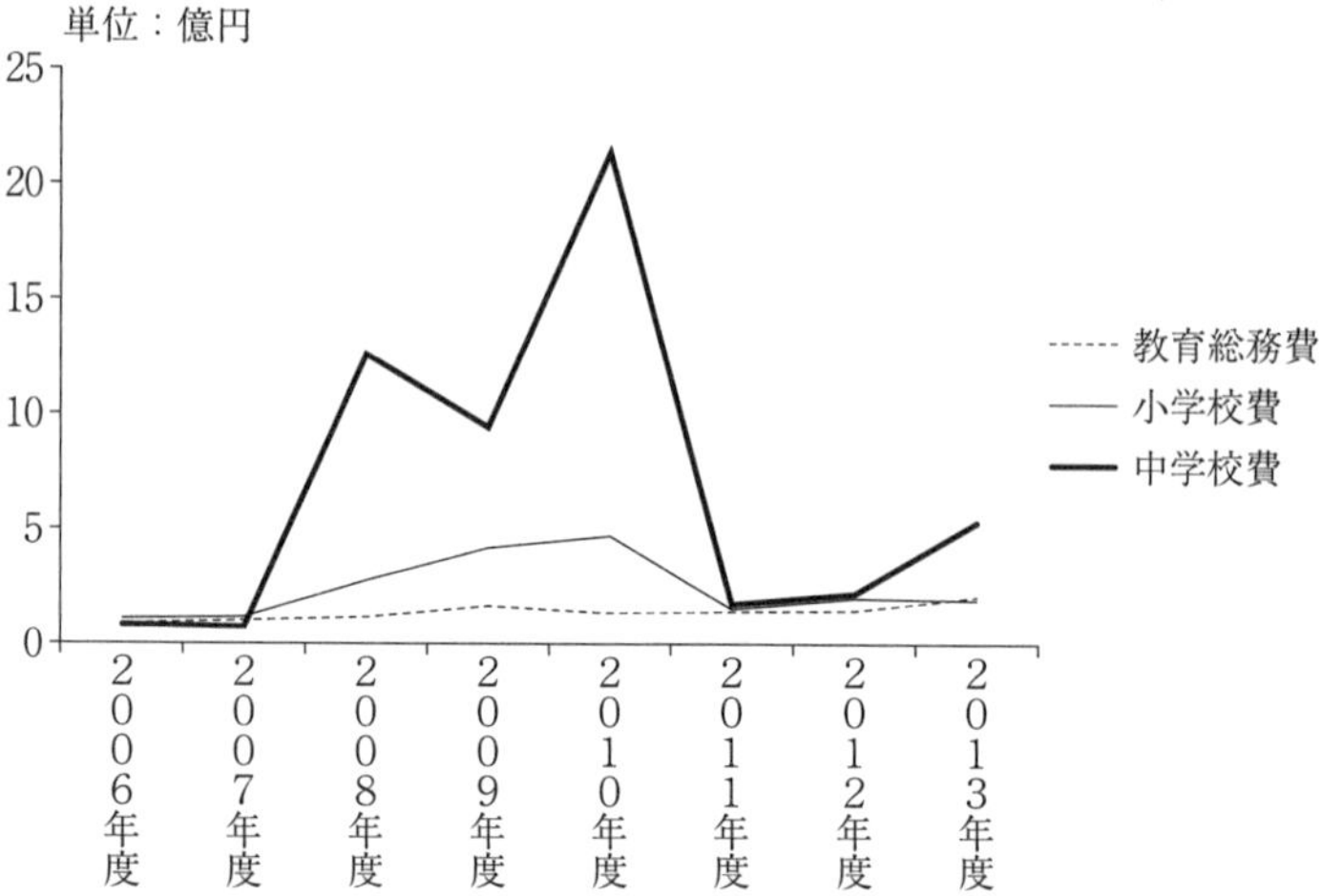

（資料）決算書より筆者作成

き方を追求する力をつける期）として、自立と自学をキーワードに「生き方を考える力」「豊かな心と人間関係を作る力」「基礎学力と自ら学び考える力」を育むことを目指し、小中一貫教育を実施している。

まずは、鴨川市の教育費の財政構造を見ていく。鴨川市の教育費決算は二〇一三年度決算において一九億七一三三万円あり、歳入の一三パーセントを占める。鴨川市の教育費は、教育総務費、小学校費、中学校費、幼稚園費、生涯学習費、保健体育費の項からなり、主に学校教育に関連するのは、教育総務費、小学校費、中学校費である。資料6－6を見ると、二〇〇八年度、二〇〇九年度、二〇一〇年度において、中学校費が急増していることがわかる。これらの伸びの多くは、江見中学校、鴨川中学校の統合に関する工事費にかかるものである。長狭中学校と小学校からなる長狭学園は、小学校が中学校内に移転することで施設一体型小中一貫校となったため、これにかかる工事費は主に小学校費内に分類される。その小学校建設工事にかかる費用は、二〇〇八年に一億六二七五万円、二〇〇九年に一億一六四八万円支出しており、財源の内訳は、総工費二億七六一五万円のうち、国庫八三六三万六〇〇〇円、市負担額一億九二五一万四〇〇〇円となっている。

決算書を見ると、小中一貫教育実践開始後、「小中一貫教育」と名前のつく事業費は町田市と異なり、行われていない。しかし、鴨川市では小中一貫教育に向けて、設立の前に「長狭地区小中一貫校整備推進委員会」を開催しており、その報酬として一九万二五〇〇円（二〇〇九年）、六一万六〇〇〇円（二〇一〇年）支出している。また、長狭小学校は三つの小学校が統合し、広くなった学区に対応するため通学バスを走らせている。それにかかる委託料が毎年約七八〇万円支出されている。

教職員数は、長狭学園は小学校を三校統廃合したために、小学校教員数を大幅に削減し、教員は一八名削減した一六名、職員は二名削減した。また、小学校校長の役職も統合を機になくし、副校長が一名配置されている。さらに、学校数を減らしたために、学校管理費における需用費や委託料といった学校単位で支出される費用が削減された。需用費は二〇〇八年から二〇一〇年にかけ約四一九〇万円から約三七六六万円へと約四二四万円削減され、委託料（通学バス委託料を除く）は、約一四二二万円から約一一八一万円へと約二四一万円削減されている。*

*他の学校の管理運営状況の変化も想定されるため正確な金額とは言えないが、小中一貫校導入後、この二つの費用は大幅に決算額が減少している。

このように、鴨川市では小中一貫教育の推進のため、それを検討するが、「長狭地区小中一貫校整

資料6－7　信濃町の生徒児童数と学級数の推移

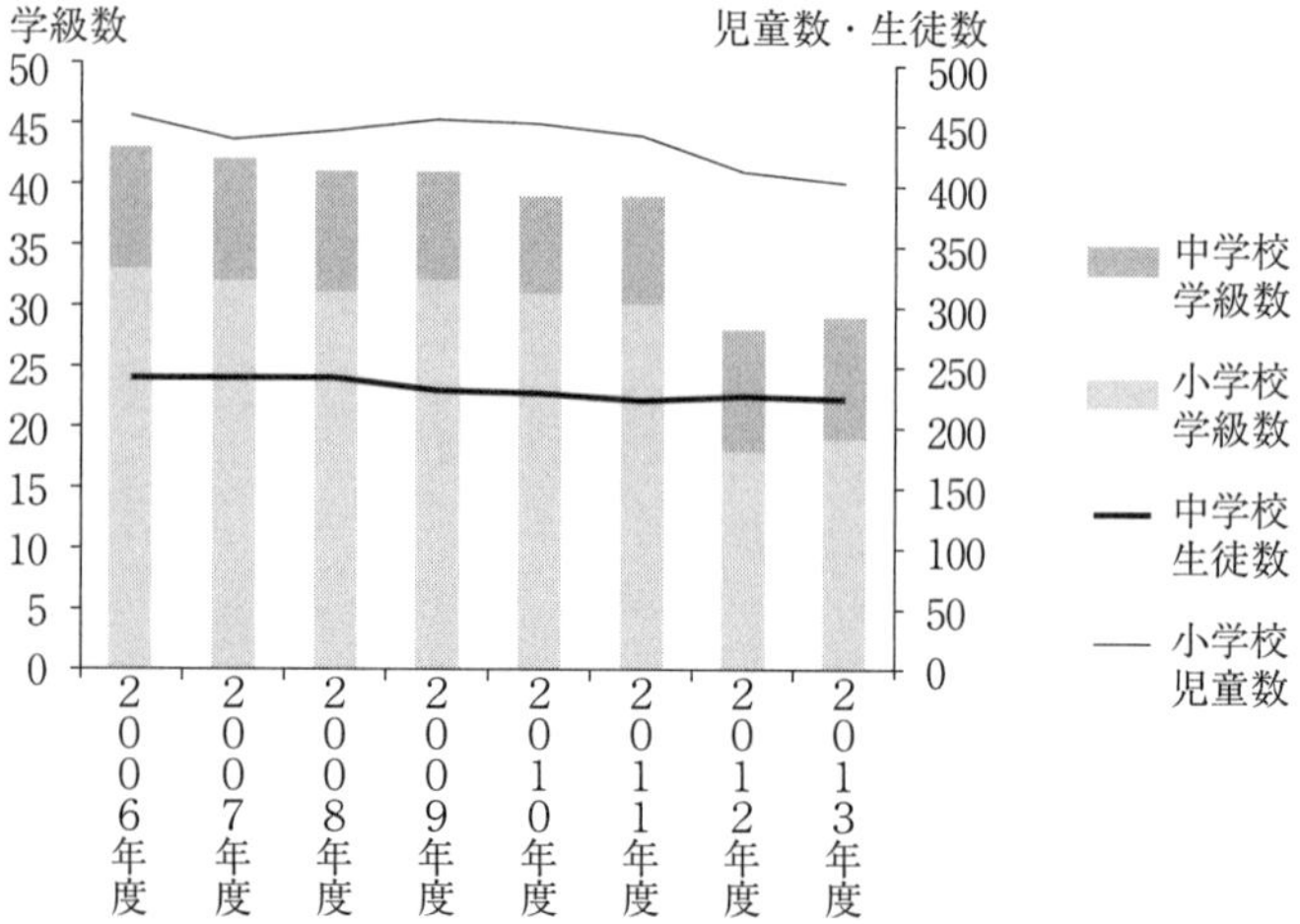

（資料）学校基本調査より筆者作成

備推進委員会」が始まった二〇〇六年度以降、その報酬や一貫校建設事業費に二億七七〇〇万円に上る費用をかけてきた。今後も、通学バス委託料などの費用が毎年かかってくると考えられる。一方で、一八名分の教職員の人件費や学校を統合することによる学校の管理費にかかる費用を削減したと考えられる。

信濃町における小中一貫教育の導入と財政

　信濃町は長野県の北部に位置する人口約九〇〇〇人からなる町で、多くの地方農山漁村同様に、少子高齢化の傾向にある。資料6－7のように小中学校児童生徒数・学級数が推移して、児童数、生徒数ともに時折増加するも、ここ八年を見ると減少傾向にある。信濃町には、元々中学校が一校、信濃中学校が設立されており、小学校は、野尻湖小学校、古海小学校、柏原小学校、富士里小学校、古間小学校が設立されていたが、二〇一二年四月

資料6－8　学校運営に係る費用の充当一般財源等の推移

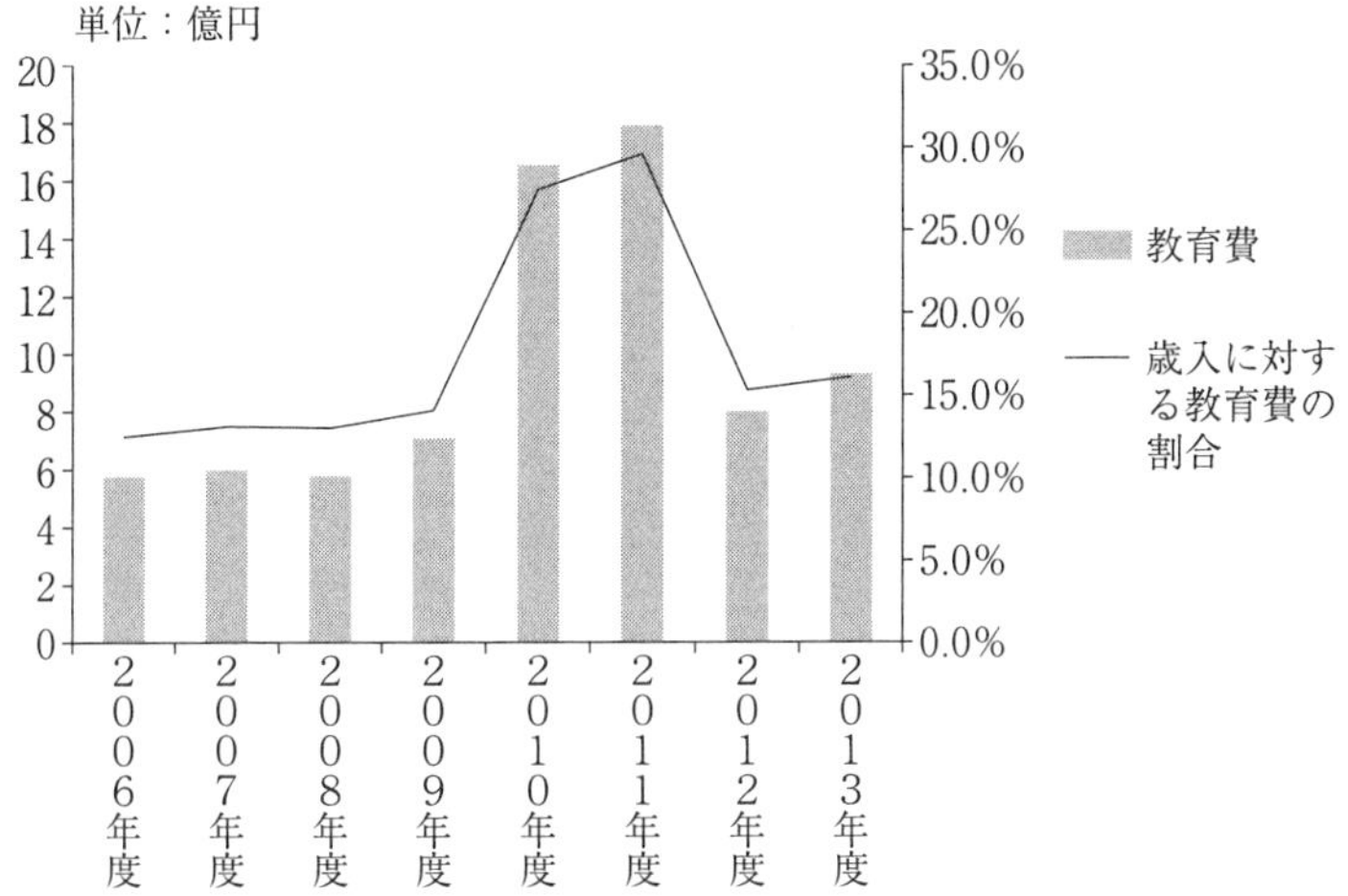

（資料）決算統計より筆者作成

に信濃町の全小中学校が統合した小中一貫校信濃小中学校が設立された。

信濃町の小中一貫教育は、小学校四年生までの初等部と、五年生から中学三年生までの高等部の二期に分け、小中一貫教育の柱に読書活動とふるさと学習を位置づけ、九年間継続した朝読書活動や信濃町を学習材にした学習に取り組んでいる。

まずは、信濃町の教育費の財政構造を見ていく。信濃町の教育費決算は二〇一三年度決算において九億二九〇〇万円あり、歳入の一六パーセントをしめる。信濃町の決算統計において教育費は、教育総務費、小学校費、中学校費、社会教育費、保健体育費の項からなり、主に学校教育に関わるのは教育総務費、小学校費、中学校費である。資料6－8を見ると、二〇一〇、二〇一一年において、小中一貫校新設事業のために急増し、歳出決算額の約三割を占めている。この事業費は総額が二二億七七九六万一〇〇〇円であり、うち国庫補助金

資料6－9　信濃町教育費の決算額と構成比の推移

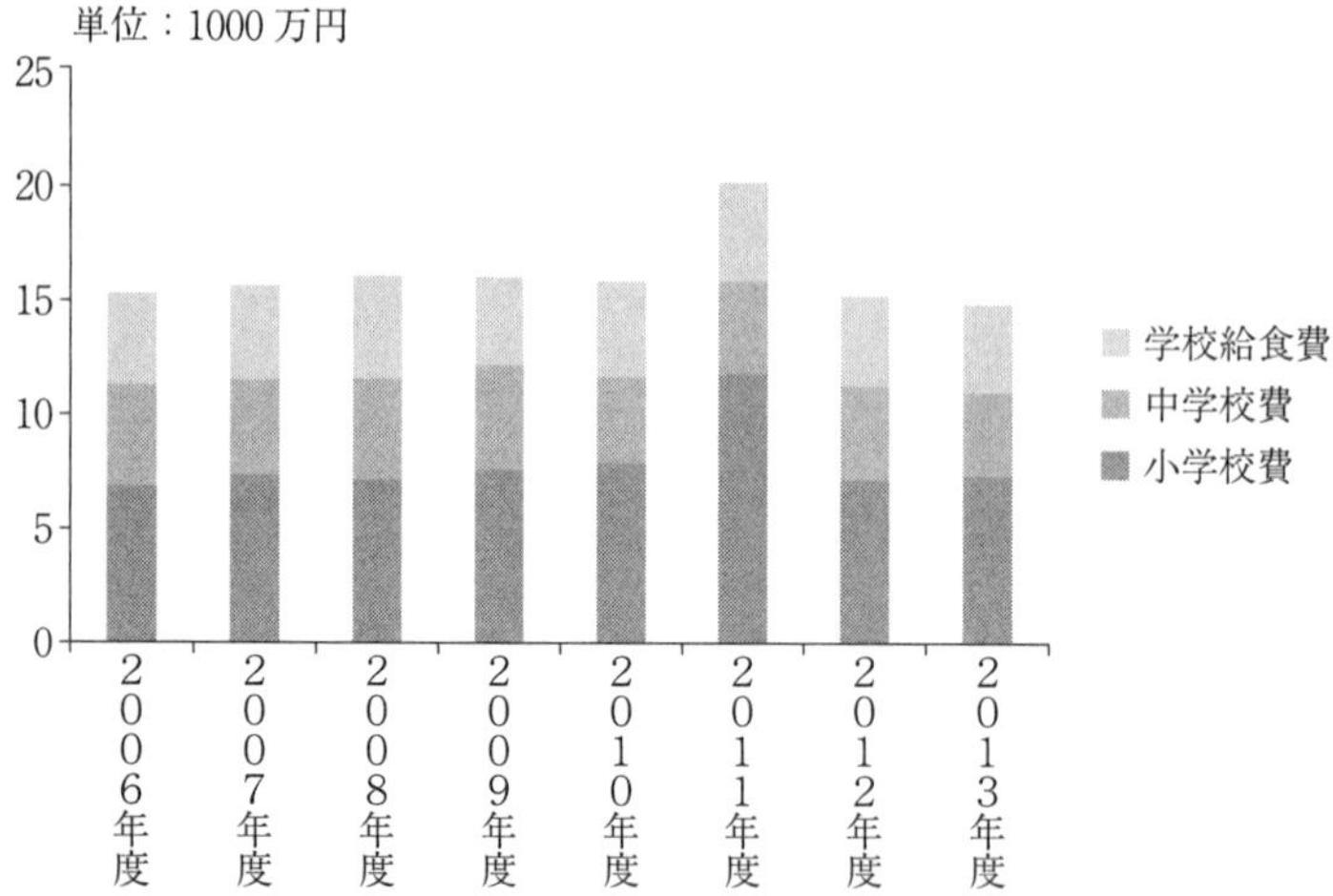

（資料）決算統計より筆者作成

九億八〇九三万円、県支出金六〇〇〇万円となり、残りの額が町の一般財源や市債で賄われた。また、信濃町の予算の概要を見ると、小中一貫教育推進事業（三四六〇万円＝二〇一三年）など小中一貫校教育推進のための予算が設立後も毎年つけられている。

　次に教職員数を見ていく。信濃町では小中一貫校の開校後、五校あった小学校が一校に減ったため、教員が五五名から約半数の二七名に削減され、職員も八名削減（うち町費負担職員は四名）した一六名となっている。また従来各小学校一名ずつ配置されていた校長、教頭の役職も信濃小学校では副校長一名となっている。

　最後に、信濃町の小中学校の運営に関する負担の増減について注目していく。信濃町では、町内全ての小中学校が小中一貫校化によって一校に統合された。そのため市の教育費充当一般財源等を比較すれば、小中一貫校導入による町負担の変化を見ることができる。資料6－9が教育費充当一般財源等のうち小学校費、中学校費、学校給食費から校舎建築などの普通建設事業費を中心とした投資的経費と学校運営に直接関わらない積立金*を除いた額の推移である。合併をした二〇一二年、二〇一三年ともに二〇一一年以前の金額より低く、二〇一三年と二〇一一年を比べると五二〇〇万円削減されており、二〇一三年と二〇一二年と比べても九八〇万円削減されている。これらから小中一貫校の導入を契機として信濃町の小学校費、中学校費、学校給食費の充当一般財源等に基づく小中学校運営の負担額が減少している、と考えられる。

＊一般財源等を財源にした積立金の金額は決算統計からは判明できないが、一般的に積立金の多くに一般財源等が充当されていること、積み立てた年度において国庫支出金がほとんどないことから積立金の決算額と積立金の充当一般財源等の額が同額だとみなした。

3　小中一貫校と財政の今後

これまで四つの自治体の小中一貫教育導入と財政の関係を見てきた。これらから言えることは、小中一貫教育導入には多額の費用がかかるということである。一貫校導入のための建設費、改築費だけではなく、新たな小中一貫教育プログラムの検討や作成のために費用をかけている。さらに、町田市、信濃町の場合は、小中一貫教育の推進のために新たな事業を開始し、そのための費用をかけている。

つまり、ここに学校統廃合との違いがあり、小中一貫教育導入のためには、学校統廃合の議論とともに新しい学校プログラム作成と推進のための費用がかかると考えられる。

一方で、小中一貫校導入によって削減できる費用の多くが人件費であると考えられる。教員の削減や校長などの役職の削減は都道府県や国の支出削減につながり、職員の削減は市町村の支出削減につながっている。一方で学区が広がることによる通学バスの委託料や、小中一貫教育推進のための非常勤職員の配置など、市町村の人件費の負担が大きくなる可能性がある。今後はこういった側面から、小中一貫教育の導入に対する国・都道府県の負担と市町村の負担の両側面から深く検討をしていく必要がある。

また、本章では主に歳出に関して注目したが、今後は歳出とともに国庫支出金や市債、普通交付税算定額など歳入の変化を示すことで、小中一貫校の財政的意義を考える必要がある。その際には、小中一貫校の導入や小中一貫教育推進の費用だけではなく、小中一貫校導入により統廃合された学校の校舎の解体費に関する除去債の状況にも注目する必要がある。取り上げた事例では未だ小中一貫校に関する除去債の起債はないものの、今後起債するケースが増えていく可能性があると考えられる。

引用文献

岡田知弘（２０１５）「『地方創生』の矛盾と対抗軸――真の地域再生と地方自治の充実・発展のために」東京自治問題研究所『東京３６７』

第三部　保護者や住民からの批判の声

第7章　品川区における小中一貫校一〇年の検証とこれから

文科省は、小中一貫校の制度化を推進しているが、その選択は、地方自治体の判断にゆだねられることになった。東京都品川区においては、施設一体型小中一貫校は六校となった。二〇一五年の第四回品川区議会定例会において、六校すべての小中一貫校を改訂学校教育法に規定された九年制の「義務教育学校」とする条例が決まり、新たな段階を迎えている。こうした状況を踏まえて、品川区の小中一貫校設置・展開の経過と一〇年目の現在を検証してみたい。

1　品川区の小中一貫教育の展開

品川区では、一九九九年六月に若月秀夫教育長が就任し、それとほぼ同時に『教育改革プラン21』

が決定された。そして最初に学校選択制が導入された（二〇〇〇年、中学は二〇〇一年）。二〇〇二年に小中一貫教育の推進が発表され、二〇〇六年には施設一体型小中一貫校「日野学園」が開校された。二〇一五年は日野学園創立一〇周年にあたる。小中一貫教育の展開は次のような段階を経てきた。

〈第Ⅰステージ〉「施設一体型小中一貫校」「外部評価制度」（二〇〇二年度）、「学力定着度調査」（二〇〇三年度〜）

品川区は、二〇〇六年日野学園、二〇〇七年伊藤学園、二〇〇八年八潮学園、二〇一〇年荏原平塚学園、二〇一一年品川学園、二〇一三年豊葉の杜学園と、各ブロックに、一校ずつ小中一貫校を建てていった。さらに、外部評価制度を導入し、地域の学識経験者や保護者による学校評価を行った。教職員は、内部評価とともにこの外部評価も意識しながら、学校計画を立てるようになっていった。

また、区として予算措置を行い、四年生・七年生の学力テストを行った。五年生・八年生は、東京都の学力調査があり、六年生・九年生には文科省の全国学力調査があるので、四年生以上は毎年何らかの学力調査を行っている。

〈第Ⅱステージ〉「施設分離型一貫校」（二〇〇六年度）、「品川区小中一貫教育要領」（二〇〇五年）

品川区では、品川区独自の「品川区小中一貫教育要領」を作成した。教科によっては、国の指導要領と同じ内容だが、授業時数や国語の漢字の数、算数や英語などは独自のものが載っている。

また、施設が分離している学校では、一中学校に複数の小学校を連携させた。この連携校の教員が集まって、定期的に互いの授業参観を行ったり、学習規律を共有したりする。さらに、算数・数学を中心に〝乗り入れ授業〟を行い、中学校教員が小学校の授業に入ったり、小学校教員が中学校の授業に入ったりすることも行われた。

〈第Ⅲステージ〉「施設分離型一貫校の再構成」

第Ⅱステージでの、一中学校に複数の小学校を連携させた施設分離型一貫校は、コーディネーター的な役割をする教員がいないとなかなか運営が難しく、順調に進められたところとそうでないところが出てきた。そこで、〈一中学校に一小学校＋周辺の連携校〉という形に変わっていった。周辺の「連携校」では、実質的な連携はなかなか難しく、名前のみの連携となっているところもある。

中学校教育の仕組みを小五に降ろす

品川区の小中一貫教育改革は、以下に見るような教育内容や教科再構成、カリキュラム改変と連動したものである。その全体的性格は、一言で言えば、中学校教育を小学校五年生にまで降ろすものということができる。

中一プロブレムが起こるのを克服し、小学校教育から中学校教育にスムーズに移行できるようにという理由で、一貫校では、五年生から教科担任制、定期テストが導入された。子どもたちは五年生から、中学校的な競争的な雰囲気のもとにおかれる。

独自の早修型カリキュラムと教材開発

品川区は、学力を上げるためという理由で、学年を早めてカリキュラムを実施する体制を取った。各教科でそのような早修型の前倒しカリキュラムが取り入れられていった。

資料7－1　漢字の学年別配当数

	1年	2年	3年	4年	5年	6年	合計
指導要領	80	160	200	200	185	181	1006
品　川	80	160	285	300	181	*	1006

*中学の漢字学習が加えられる

ア「漢字ステージ一〇〇」。早修型カリキュラムの典型が、漢字学習の独自の学年配当であった。品川区では、『漢字ステージ一〇〇』というドリルを作成して、学習指導要領で定められている漢字を資料7－1のように学年前倒しで指導している。

前倒しの指導が始まる三、四年生では、年間二〇〇日前後の授業日数から考えても毎日一つずつの新出漢字を学習したのでは間に合わない。しかも、この漢字は国語の教科書の内容とは全く別の順番で学習しなければならず、教師が指導の工夫を試みない限り児童にとっては機械的に覚えなければならない。中学年で多くの漢字嫌いをつくり出すことにならないかと現場は心配している。

イ　英語。「九年間を通して『聞くこと』、『話すこと』を中心とした実践的・実用的コミュニケーション能力の育成を目指し、一～四年生は『英語に親しむ』こと、五～七年生は『英語を身に付ける』こと、八・九年生は『英語を活用する』ことに重点」を置いている。ALT（Assistant Language Teacher、ネイティブの外国人教師）、JET（Japanese Teacher of English、日本人の英語教師）、HRT（クラス担任）、地域ボランティアが、その時々で入り、小学校では年間三五時間（一・二年生は二〇時間）の授業が行われている。

英語教育の小学校一年生からの開始には賛否両論があり（現在の学習指導要領では五年生から）、もし実施するにしても、全く未知の領域であり、高度な専門的訓練を受けた英語教員なしに、いわば「しろうと」教員が、全く未経験で教えはじめることには、大きな危険性がある。しかし英語学習の早期化が英語学力を高めるという、いまだ検証されていない理屈を押し通して開始してしまった。中学校教員からは「これ以上英語嫌いを増やしてほしくない」といった声も聞こえる。

ウ　区独自の副教科書。数学や社会科でも、カリキュラムの学年繰り下げ（早修化）や、品川独自の単元が設定され、それらが品川区の『小中一貫教育要領』に定められている。そのため一般の教科書のほかに、区独自の副教科書（『調べ・考え・社会をつくる』〔社会科〕、『＋α（算数・数学）』）が配布され、区独自の年間計画が設定されており、この複数教科書を使った複雑なしくみのなかで、どう学習の系統性を確保するか、詰め込みにならないようにどう工夫するかなど、大きな負担が背負わされている。

これらの点からみると、品川区の小中一貫教育の最大の特徴は、カリキュラムの前倒しと詰め込みの一層の強化というほかない。落ちこぼれを生み出す可能性が非常に高くなっている。

施設一体型の小中一貫校では、夏休み中に八年生の勉強合宿を行っている。三泊四日で、原則全員参加。教員も入れ替わりで参加。二〇一四年には二校が実施していたが、他校も続いて実施してきている。「施設一体型一貫校＝エリート校」という意識があるように思う。

授業時間の増加

区内のＡ小学校では、資料７－２のような授業時数で過ごしている。それでも、Ａ校では水曜日は

資料7－2　区内小学校Ａ校の年間授業時数

学年	1年	2年	3年	4年	5年	6年
文科省	850	910	945	980	980	980
品川区	910	945	980	1015	1015	1015
Ａ小学校	1004	1020	1045	1076	1084	1070

全校四時間授業、金曜日は五時間授業である。他校を見てみると水曜日五時間、金曜日は六時間の学校の方が多いと思われる。ここからも、品川区の学校が区教委の指導の下、たいへん多くの授業時数を確保していることがわかる。授業時間が多いほどよいとされるのには、区独自の学力テストの結果が関係していると思われる。しかしこれでは、子どもの疲労が蓄積していくのではないかと心配される。

「市民科」の設置

品川には「市民科」という独自の教科が設置されており、道徳、総合的な学習の時間、特別活動の時間はない。特設道徳の時間、総合的な学習の時間、特別活動の時間などをこの市民科の時間に充てて、「構造改革特区」の申請（二〇〇三年）によって「市民科」をつくった。「市民科」は「人間（市民）としてのあり方・生き方について、教養を深め自分を生かす能力と市民としての社会性を身に付ける」教科として、区独自の教科書も作られている。しかし、一般的に言われている「シチズンシップ教育」とは違い、道徳的な色合いが濃く、〝国家あっての個人〟を育てていると話す人もいる。

市民科では年間指導計画を作成し、各担任はその計画に従って授業を展開することを求められる。しかし、学級には日々様々な出来事が起こり、タイムリーな指導が必要とされることがある。市民科の授業では、特別活動のようにそのときそのときの諸問題を解決するための時間をつくり出すことが難しい。しかも、特別活動の時間が市民科に充てられているために、学級活動や行事に取り組む独自の時間がとれず、加えてこの市民科の時間を特別活動などに使ってはならないと規制されているため、区の指導に忠実に従えば、学級活動ができないという全く不合理なものとなっている。理不尽というほかない。

品川区発行の『市民科の手引き』（二〇〇六年）では、市民科の指導方法と学習段階は、「認知」→「心情」→「技能」→「実践」→「評価」という順序、あるいは「課題発見」→「正しい知識・認識」→「価値」→「道徳的心情」→「体験」→「活用」→「評価」という順序で進めるとされている。普通の教科は探究の結果として価値や認識を完成させていくが、市民科は最初に課題に対応した正しい知識や認識があり、それをスキルで身につけ、活用し、実践できたかを評価するという道徳的訓練のサイクルへと逆転しているのである。またシチズンシップ形成に不可欠な「憲法」「人権」「民主主義」「平和」「平等」「国民主権」「生存権」等の社会的正義の継承と発展の課題が全く位置づけられていない。これは文科省が実施しようとしている道徳科の内容や方法論の先行的な実施といえよう。

なお、市民科の「教育要領」や「教科書」を区の行政が勝手に決定して、学校に強制するということ自身が、憲法の下での日本の教育行政の規範を侵すものである。これは国家権力が一方的に教育内容と教科書を決定するものであり、それ自体が異常なこととして批判されなければならない。

2 一〇年目の現状

施設一体型小中一貫校の設置から、一〇年間が経過した。そこには次のような矛盾が現れている。

大規模校の出現と統廃合による学校減

品川区は、学校選択制を導入した。小学校では、六つのブロックに分けて、その中の学校を自由に選べる制度を導入した。中学校は、品川区内全域から選べるようにした。施設一体型の豪華校舎を持ち、九年一貫の教育をうたい文句にした一貫校は、学校選択制と連動したこともあり、急激に大規模校化した。逆に小規模校はそのまかさらに小規模化し、その結果、統合や廃止も実施された。

小学校の小規模校は、各学年単級で一クラスの人数も少ない。少人数ということは、保護者からすると手厚く見てもらえるとの思いから、特別支援を必要とする児童数が比率として増加するという現象も生まれている。

施設一体型一貫校の大規模校化

六校の小中一貫校の生徒数や建設費等の数字を資料7－3にまとめてみた。施設一体型の小中一貫

資料7－3　小中一貫校の一覧　2015年5月1日現在

地区	学園名（通称） （建設費）	学級数		児童・生徒数			運動場面積	統合前の学校	開設年次
		小	中	小	中	合計			
大崎	日野学園 86億8千万円	18	14（2）	562	448	1010	4500㎡	第二日野小・日野中	2006
大井	伊藤学園 57億円	20（2）	17（2）	599	554	1153	4700㎡	原小・伊藤中	2007
八潮	八潮学園 29億3千万円	19（1）	10（2）	522	236	758	5080㎡	八潮・八潮北・八潮南小八潮中・八潮南中	2008
荏原西	荏原平塚学園 82億5千万円	13	6	359	178	537	5000㎡	平塚小・平塚・荏原二中	2010
品川	品川学園 129億7千万円	22（2）	12（1）	600	378	978	8300㎡	品川小・城南中	2011
荏原東	豊葉の杜学園 76億8千万円	20（2）	12（1）	538	366	904	5500㎡	大間窪・杜松小・荏原三中・荏原四中	2013

（注）学級数の欄の（　）内の数字は特別支援の通級学級数。内数
（資料）『学校要覧』、品川区教育委員会発行事務概要ならびにホームページ、共産党品川区議団調査等に基づいて櫻井恵子作成。

校は、全体として豪華な校舎、施設となり、一〇〇〇人前後の大規模校が四校出現した。運動場の面積が、一人当たりわずか四平方メートルの一貫校も出現した（文科省基準では、七二一人以上は七二〇〇平米）。例えば伊藤学園は、それまで中学だけだった校地に、一貫校に包摂された小学生（その人数は中学生の数を上回る）がプラスされる形で詰め込まれることになった。

学校規模と子どもたちへの影響について

行事にみられる子どもたちの取り組みと保護者からの声をみてみよう。今でも伊藤学園の運動会は、小中一貫で、一一五三人（二〇一五年五月一日現在）の子どもたちによって四七〇〇平方メートルの運動場で行われている。子どもたちの出番は、学年で二回程度。保護者は、二階の教室のベラン

資料７－４　区教委による教員アンケート

項目	一体型	分離型
教員経験数で最も多い年数	５～９年	25年以上
平日の平均的居残り時間	４時間以上	約２時間
休日出勤や平日の居残りについて家庭の事情による制約がある	35.9％	29.7％
学校独自の取組や研究で負担に感じているもの（最も多い事項）	小中合同行事	市民科
一体型で担当する業務の量が増えたと感じる教員	53.1％	――

ダなどから双眼鏡で子どもを探す。保護者からも「子どもたちのがんばりが身近でみられない」と不満の声が聞かれる。

日野学園は一年生から四年生までの運動会、五年生から九年生（中学三年生）までの運動会と二回に分けて行われている。二回運動会を取り組む教職員の負担は大変なものとなる。

いじめと学校規模の関係もあるのではないかという指摘もある。大津市でのいじめによる自殺事件（二〇一一年）でも当該校は八六〇人のマンモス校、中野区富士見中事件（一九八六年）も生徒数約九〇〇人であった。二〇一二年九月、品川区内の一番のマンモス校である小中一貫校で、いじめにより中学一年生が自殺する事件があった。超過密なマンモス校で、生徒をきめ細かく把握することができるのだろうかと疑問が出されている。

区教委が教師を対象に行ったアンケート（二〇一四年一～二月実施）からは資料７－４のような傾向が読み取れる。

施設一体型には若手の教員が多く配置されていることがわかる。自分の子育て、保育など時間制約があるにもかかわらず居残り時間が長く、超過密労働に結びついている。

資料7－5　教職員数の推移

		都費			区費				総計
2006年5月1日		教員	事務	栄養士		事務	用務	調理	
	小学校 438クラス	685	38	20		1	60	109	913
	中学校 143クラス	324	18	9		2	29	40	422
2015年5月1日		教員	事務	栄養士	教員	事務	用務	調理	
	小学校 496クラス	767	36	16	9	6	39	委託	873
	中学校 157クラス	327	14	7	11	3	15		377

品川区教育委員会2006～2015年度版『事務事業概要』より作成

子どもの数が増えているのに一四校減

全国各地で進められている小中一貫校のねらいは、学校の統廃合であることが報告されている。品川でも、一〇年前に小学校四〇校、中学校一八校だったのが、二〇一五年五月では、小学校単独校三一校、中学校単独校七校、小中一貫校六校になった。単純計算で一四校減である。小中一貫校を小学校と中学校一校ずつと数えたとしても、小学校三七校、中学校一三校で五〇校となり、八校減となる。

六校の一貫校設置で校地でなくなった敷地が九校分あるが、高齢者施設、ホールを持つ文化会館、地域住民利用の会館、民間の商業施設の駐車場、私立の高校の建て替えの施設になったりしている。明らかに校地を減少させ、ほかの目的に転用しているのである。

しかし子どもの数をみてみると、二〇〇六年五月に、小学校一万一八七九人・四三八学級、中学校四三五八人・一四三学級であったのが、二〇一五年五月では、小学校一万四〇三二人・四九六学級、中学校四八七三人・一五七学級と増加している。

あわせて、教員や職員の数をみてみよう（資料7－5）。教員の数はクラス数に比例して増加しているが、事務、用務の人数は縮小し、調理は民間委託となり、学校職員は激減した。ここにも学校統廃合の結果が明確に表れている。

地域の保護者や町会長などからも、教育委員会へ要望が出されている。学校公開が行われており、施設の格差に驚きの声が聞かれる。廊下のきしみや壁の傷み、教室の傷みや子どもたちの教室の環境、トイレの老朽化がある一方、一貫校の超デラックスなトイレや教室の明るさ、機能的な学校全体の造作、新しいプールや道場など、格差に驚くと同時に教育委員会や区に対して厳しい声が上がっている。

学校は子どもたちを育てる教育の場であると同時に、地域の防災の拠点でもある。学校選択によって、地域と学校の関係が、弱まっている。町会長と区長や教育長、管理職との懇談会で、必ず「地域と学校との関係が弱まっている。地域の行事に学校関係者や保護者、子どもの参加が少ない」との意見が出される。

学校の格差化の進行

二〇〇九年時点で、学校選択制と私立学校への進学を合わせた結果、地元の学区から来る児童が大きく減小し、品川区全体を平均しても地元住民登録者児童のうち中学で五割強、小学校で約四割が地元から転出するという水準が生まれてしまった（次ページ別項参照。数字は左が小学校、右が中学校、単位はパーセント）。

別項　学校選択による地域からの転出割合

①狭義の学校選択（学校選択制度を利用した転出）による地元学区外転出者の割合＝小学校 28.8 ／中学校 27.9（以下同様）

②広義の学校選択（いじめ等、特別な理由による学校選択を含む）による地元学区外転出者の割合＝ 36.4 ／ 32.2

③その学区の区立中学進学者（私立進学者を除く）のうち、広義の学校選択での地元学区外転出者割合＝ 38.3 ／ 44.0

④その学区の登録者のうち、私立中学を含んで、地元学区内の公立校にいかなかった者の割合＝ 40.3 ／ 54.3

佐貫浩『品川の学校で何が起こっているのか』（花伝社、2011 年）による

学校選択制が開始されたあたりから入学数の年ごとの激変（乱高下）が始まった。そして、選ばれる学校と、選ばれない学校が二極分解する傾向が出現した。その結果、学校規模格差が一挙に拡大していった。

資料7－6を見ると、施設一体型の日野学園は二〇〇六年、伊藤学園は二〇〇七年の発足時に、一挙に増大傾向を示している。施設一体型豪華校舎の建設、一貫校の教育についての宣伝と学校選択制とが結びついて、学校規模格差が一挙に拡大した。

一貫教育と学校選択の矛盾

資料7－7の表を見ると、実は、小中一貫教育を最も根幹の理念とするはずの施設一体型一貫校で、六年生の四人に一人が転出し、新七年生（中学一年生）の約半数が別の学校から転入するという状況がある。もし一貫教育が、多くの生徒や親に支持されているならば、このような現象は起こらないのではないか。

そうなる理由は明確である。第一は、あまりの過密状態を避けて、別の中学に転出するというケースがある。第二は、私立中学受験・新進学である。第三に、転出による「空き」を埋めるようにして、新

資料7－6　日野学園と伊藤学園の７年生の数の推移

７年生入学者数	2004年	2005年	2006年	2007年	2008年	2009年	2010年
日野学園７年生	46	93	★166	167	143	127	118
伊藤学園７年生	84	104	120	★146	185	184	183

（注）日野学園の2008年度以降の減少は、施設の収容可能数との関係で転入を制限した結果である。★印は施設一体型一貫校の発足年
（資料）数値は品川区教育委員会のデータによる

しい中学一年生が、区全体が一学区となっているために（小学校は四ブロックのそれぞれの内部で選択という制度になっている）、新たに選択して入学するからである。

施設一体型の六校の小中一貫校設置には、品川区の教育委員会の当初の思惑では、私立学校受験を抑制して区立中学進学へと向けさせようとする意図があった。そのため豪華で、かつ前倒しカリキュラムなどで生徒の学力を上げ、特に大崎地区（日野学園の学区）では都心開発の一環としてハイクラスな居住空間を作り出そうとする開発構想があった。しかし公立学校に選抜を設定することはできない。とすると、高校受験に特化したようなエリート教育を目指す特別な九年一貫校をつくり出すことなどできるはずがない。その結果、私立中学受験はいささかも減少しないどころか、施設一体型学校の「学力向上」に期待を寄せてきた層ほど、中学段階で、そのまま進学するかどうか迷うような状態が生まれたと思われるのである。

その背景には、大学進学競争からみて、親の側には、小中一貫教育と中高一貫教育のどちらを選ぶかというリアルな選択問題がある。そして小中一貫教育が、学校選択制と連動されたとたんに、品川のような矛盾が噴出し、小中一貫教育という理念も建前も、空中分解してし

資料7－7　施設一体型小中一貫校　6年生内部生進学率・7年生内部生在籍率（2014年度）

6年生内部生進学率

6年生	在籍数	内部	区内他校	私学等
	人			%
日野学園	94	66.0	0.0	34.0
伊藤学園	108	86.1	0.9	13.0
八潮学園	98	80.6	2.1	17.3
荏平学園	38	71.1	13.1	15.8
品川学園	73	72.6	5.5	21.9
豊葉学園	93	74.2	3.2	22.6
一貫校平均	84	76.0	3.0	21.0

7年生内部生在籍率

7年生	在籍数	内部進級者	外部入学者
	人		%
日野学園	146	42.5	57.5
伊藤学園	185	50.3	49.7
八潮学園	88	89.8	10.2
荏平学園	63	42.9	57.1
品川学園	120	44.2	55.8
豊葉学園	129	53.5	46.5
一貫校平均	122	52.4	47.6

中央教育審議会初等中等教育分科会配布資料（品川区教育委員会事務局指導課長・渋谷正宏氏作成）

まうのである。もちろん、学校統廃合という大きなメリットがある故に、この政策を教育行政が手放さないということはあるにしても、教育制度体系問題としてみるとき、特に都市部においては、大きな矛盾が生まれる。

思春期の成長と小中一貫教育の矛盾

品川区の小中一貫教育では、九年間を「四・三・二制」で区切っている。施設一体型一貫校では、四年生、七年生（中学一年）、九年生（中学三年）が区切りの最高学年となる。

一番問題なのが、五年〜六年生である。六・三制下での小学校では、五・六年生が高学年として、学校の自治を中心的に担い、行事などで活躍している。しかし、施設一体型一貫校では、一〜四年生、五〜七年生、八・九年生という区切りのため、従来なら五・六年生で培われる自治の力がつきにくい。四年生で学校全体のことを考える取り組みもあるが、発達段階から見て、なかなか難しい。

思春期の発達段階を豊かに生きるためには、子どもたち自身が自分たちの自治的世界をつくることが非常に重要である。思春期は、初めて主体的に仲間関係をつくり出し、自分が生きる世界を創ることに挑戦する時期である。現在の六・三制は、そういう五、六年生が学校のリーダーとして様々な活動を行い、クラスづくりに挑戦し、中学生に進む大きな飛躍力、ジャンプ力を身につけていく仕組みでもある。その五、六年生を一〜四年生と切り離し、一貫校のリーダーシップを九年生がとる環境の下におくことは、リーダーシップや自治の経験の大きな欠落を生み出す可能性がある。こういう位置に小学校五、六年生を配置することは慎重でなければならない。

小中一貫教育の理由としてよく「中一ギャップの解消」が挙げられる。中一ギャップは中一プロブレムを生み出す原因ではないと考える必要がある。今日の中一プロブレムは、中学に最もいじめが広がっていること、受験勉強への圧力が格段に強まること、小学校での仲間づくりやリーダーシップの経験の不足などからこそ起こっていると考える必要があろう。中学がもっているこのような困難に直面することで引き起こされる性格の強い中一プロブレムが、小中一貫教育で解消されるという根拠はない。施設一体型小中一貫校は、中学に早く慣らすという形で、五、六年生に経験させるべき独自の課題をパスさせて、早くから受験対応システムへ追い込んでいくものだといわなければならない。

九年間一貫教育といっても、一年生と九年生が同一の発達段階にあるとか、同一の時間区分に従った学校生活ができるなどということはあり得ない。強引な小中一貫校化の当初には、朝会や運動会や卒業式まで九学年一緒にするという乱暴なことも行われたが、ようやく修正されつつあるようである。結局、子どもの集団を一定の発達段階で区分し、その生活・学習空間の相対的独立性を組み込むほかなくなる。ところが品川区の一〇〇〇人を超える過密一貫校では、その空間と時間の相対的独立を保証する余裕がすでに奪われてしまっている——運動場が狭い、校舎を別棟にできない、等々——のである。六・三の区分が発達に見合わないという説は決して教育学的な検証を経たものではない。にもかかわらず強引に四・三・二区分を持ち込むことは、危険かつ無責任な実験とならざるをえない。

3　小中一貫教育の「事実」に基づく検証を

品川区の小中一貫教育は、現実の検証を欠いたままで、性急に次の段階に進もうとしている。

実態に即した検証を

品川区において親の小中一貫教育に対する意見は、賛成しない方が多いという結果が品川区のホームページ自身に示されている。二〇一二年度の保護者アンケート（資料7—8）では、小中一貫教育について、支持三九パーセントに対して、否定が五七パーセントを占めている。親が小中一貫教育に大きな疑問を持っているということがここには示されている。

不思議なことに、その後の年度の保護者アンケート結果では、この調査項目がなくなっている。また、「義務教育を四・三・二のまとまりで考えることは有効であると思う（か）」で、支持が三四パーセントに対して、否定が六三パーセントを占めている。この項目もその後の年度のアンケートでは、「義務教育を四・三・二のまとまりで考えることは子どもの学びや発達段階に合っている（か）」という問い（いわば教育学の理論への賛同を問うもの）に代えられ、四・三・二という学校制度上の区分や学校の現実に対する賛否を問うものとは違う問いに代えられている。

資料7－8　保護者へのアンケート

設問　小中一貫教育は良い取り組みだと思う。

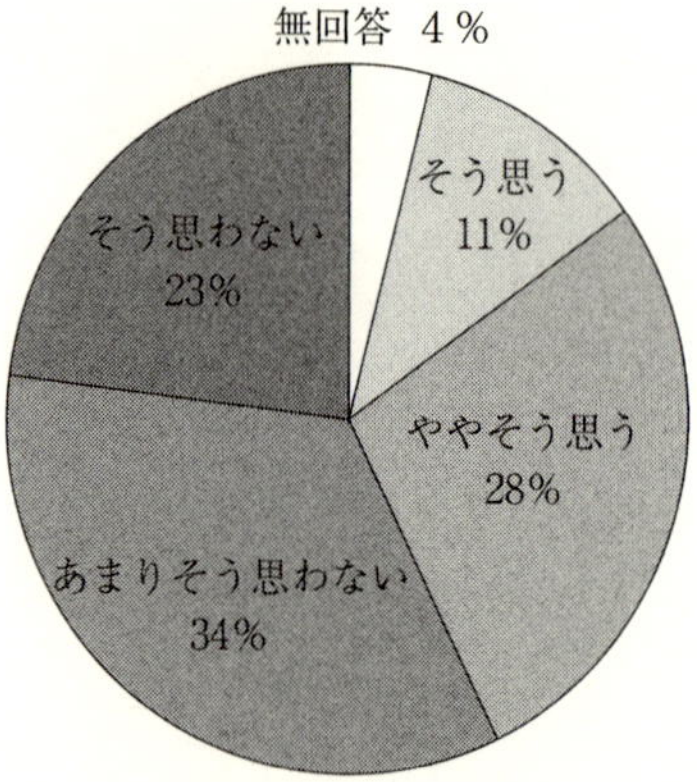

設問　義務教育を４・３・２のまとまりで考えることは有効であると思う。

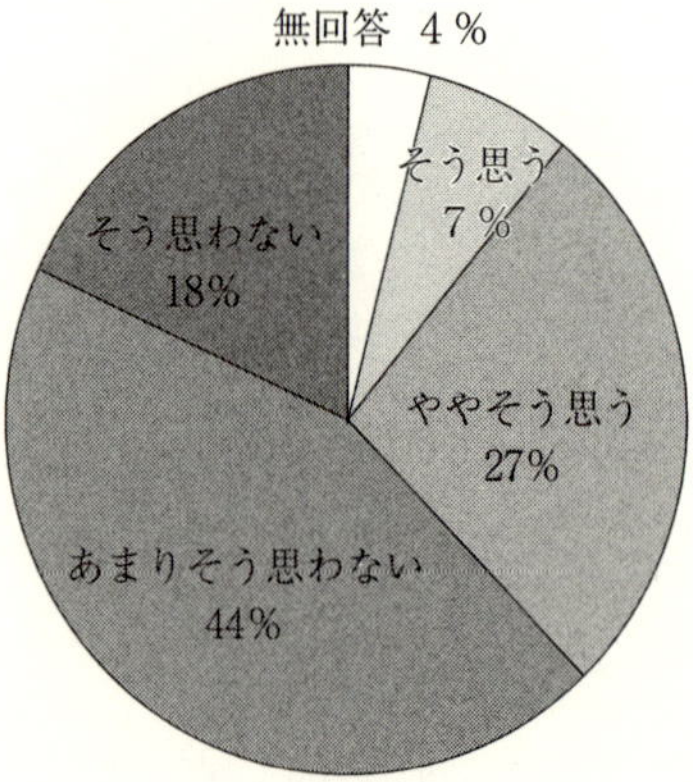

（2012年度アンケート）

また、品川区教育委員会と共同で教育改革を検証したチーム（代表・小川正人氏、当時東京大学教授）によって行われた教育改革に関するアンケート調査では、次のような結果が示されていた（資料7－9）。

そこでは、管理職群では、圧倒的に小中一貫教育が良いという結論になっているが、一般の教員は、迷ったり疑問を持っている教員が多数を占めている。四・三・二制については、校長、副校長、主幹は圧倒的に賛成しているが、現場の教師は二七対二六で半々であり、養護教論は賛成が一四で反対が

資料7－9　小中一貫校教育の有効性―教員調査の結果

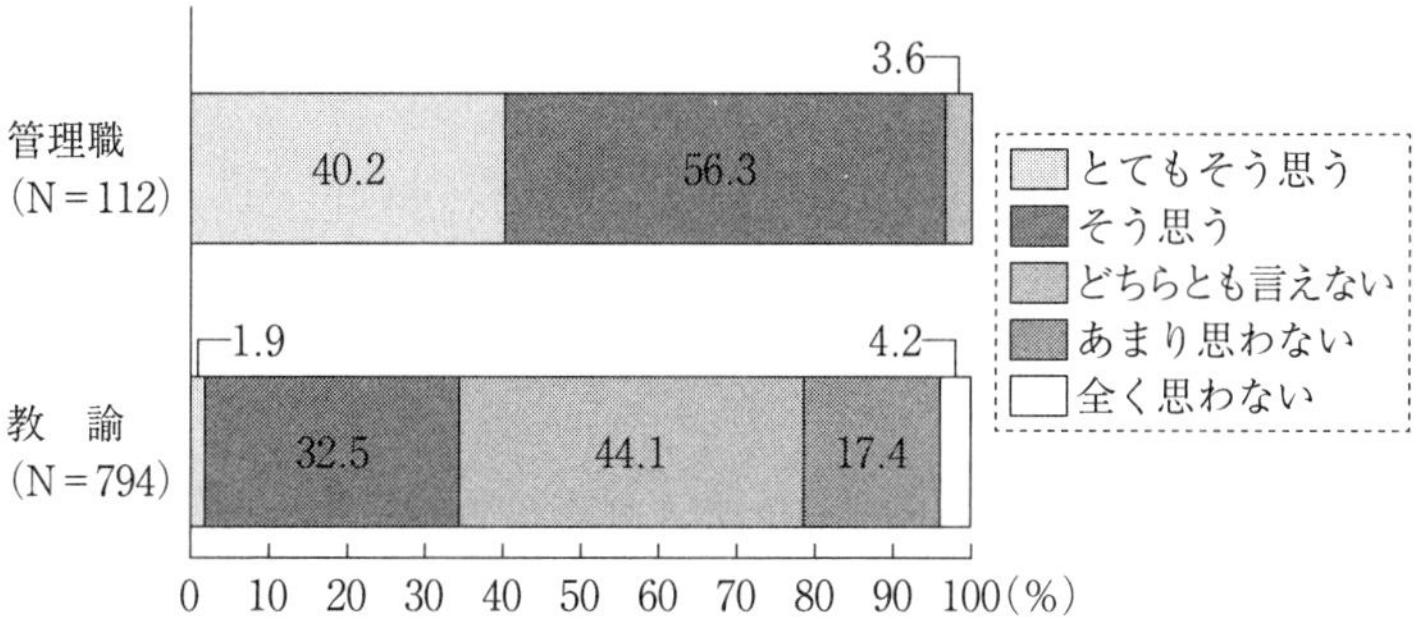

「四―三―二」制のもとで日々の教育活動を展開している教員がどのような評価を行っているか。

職種別による「四―三―二」制への評価（N＝895）

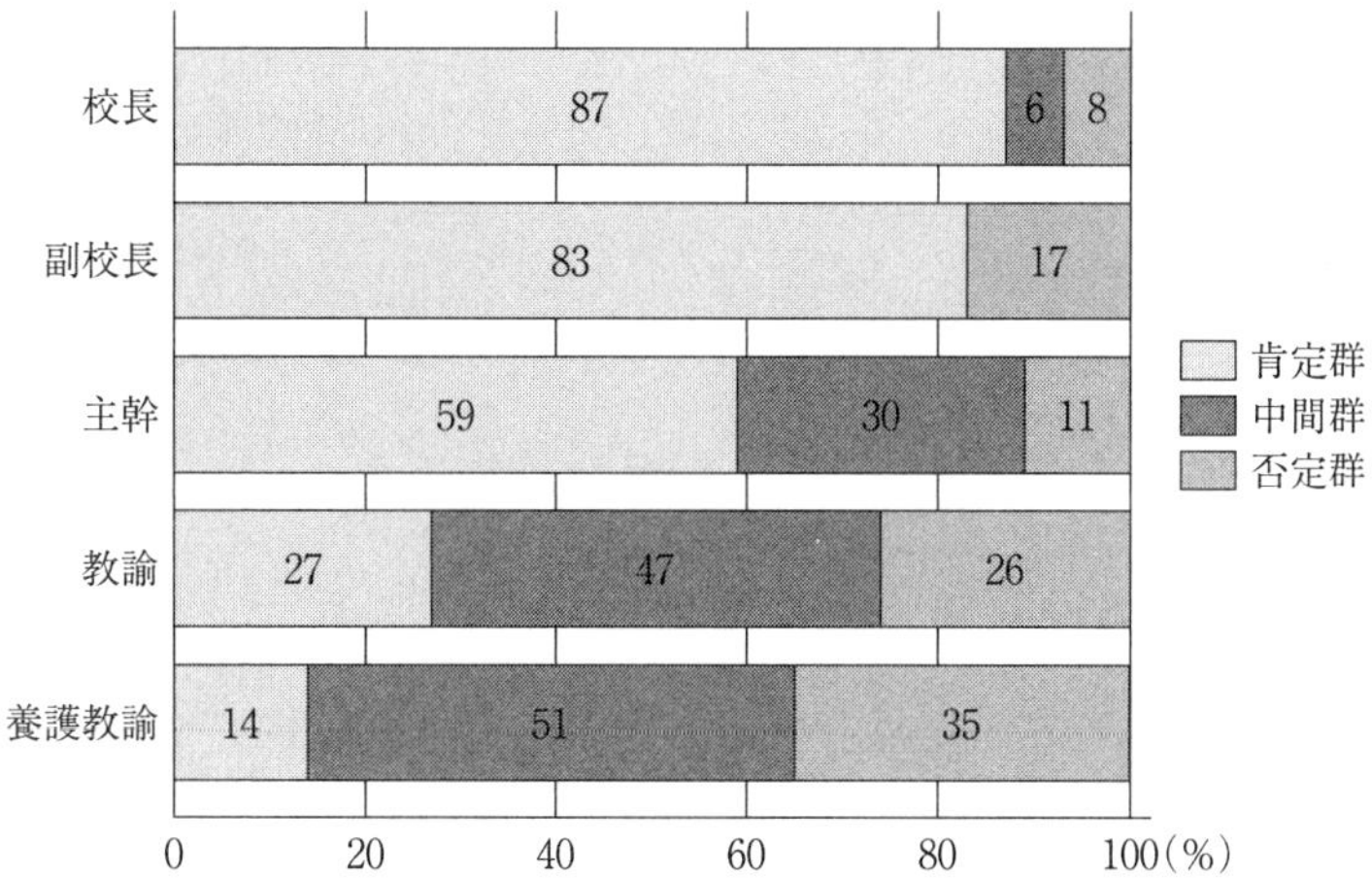

（注）肯定群は「とてもそう思う」「そう思う」、中間群は「どちらとも言えない」、否定群は「あまり思わない」「全く思わない」からなる。数値は回答割合（％）である。

（資料）品川区教育政策研究会（代表・小川正人）編『検証教育改革――品川区の学校選択制・学校評価・学力定着度調査・小中一貫教育・市民科』より

三五となっている。本当の検証のためには、現場の教師や親たちの意見をしっかり聞く必要があるが、品川区でも、中教審でも、この改革を推進する側の管理職と行政の側だけを対象とした調査の結果で、賛成が多いと結論して強引に推進しようとしている。これでは本当の検証になっていない。

品川区についてみれば、豪華な校舎が魅力とされているほかは、施設一体型の小中一貫校が、六・三区分校よりも独自に特別な効果を生み出したとするデータなど見たことがない。仮に、学テ対策を激しく行って学力テストの点数が向上したとしても、それは施設一体の小中一貫校の独自の効果だなどとどうして言えるのだろうか。このような根拠薄弱な改革を、強引に推進することは、日本の学校教育を破壊する暴挙というほかない。

施設一体型一貫校六校の「義務教育学校」化へ

品川区では、学校教育法等の「改正」によって義務教育学校の設置が可能となった中で、議会で、六つの施設一体型小中一貫校を「義務教育学校」とすることが決まった。

区内でいじめを苦にした生徒の自死という痛ましい事件があり、若月教育長は職を退き、二〇一三年度新教育長が着任した。品川区の「教育改革プラン21」は一区切りを迎え、新教育長は当初「品川ルネッサンス」をスローガンとし、今は、二〇二〇年の東京オリンピックを念頭に置いて、「品川スポーツトライアル」や英語教育に力を入れようとしている。

いま、声をあげる民主主義が広まっている。品川の真の教育改革を求める取り組みを強めていきたい。

第8章　京都市東山区での小中一貫校の推進と子どもたちとの矛盾

京都市で小中一貫教育が始まったのは、二〇〇四年度に「小中一貫教育特区」に認定され、すべての学校に小中連携主任が設置されてからである。東京の品川区などとともに、呉市に続き最も早い時期に導入された。

そして二〇〇六年度に京都市教育委員会に小中一貫教育推進室が設置され、二〇〇七年度に京都御池中学校ブロックで五・四制の小中一貫教育が開始された。さらにその年に、六校を統合した市内初の施設一体型一貫校（花背小中学校・山間部の児童生徒数三一名の小規模校）を開校した。二〇〇八年度には、全行政区へ取り組みを広げるために小中一貫教育推進校を指定した。二〇〇九年度には、隣接小中学校を整備した市内二校目の施設一体型一貫校（京都大原学院・児童生徒数八七名の小規模校）を開校。二〇一一年度には、小中一貫教育を全中学校ブロックへ展開し、三校目の五小学校二中学校の七校を統合した施設一体型一貫校（東山開睛館）を開校した。そして翌年には、四校目の四校を統合した施設一体型一貫校（凌風学園）を開校した。二〇一四年度には、四校を統合した五・四制施設併用型一貫校（東山泉小中学校）を開校した。

京都市における小中一貫教育は、施設一体型が四校、五・四制施設併用型が二校、そして、六・三制の中学校ブロックによる連携型が六四校、その他三校である。そして今、大阪市と同じ面積を持つ山間部の右京区京北地域で、三小学校一中学校を統合する施設一体型の小中一貫校創設の動きが浮上している。中でも東山区の例が京都の小中一貫校推進の動きとして典型的なので、少し詳しくみておこう。

1　東山区の小中一貫校の開校と現状

東山区の学校統廃合の経過

京都東山区は清水寺や八坂の塔、祇園《ぎおん》などで知られる観光地であり、世界遺産にもいち早く登録された山紫水明の歴史の街である。明治時代に地域の人々が創り上げた番組小学校は、それぞれの学区で特徴的な文化を創り、地域の中心としての役割を果たしてきた。

東山区で学校統廃合が始まったのは二〇〇二年に貞教小、修道小を統合して開校した東山小学校からである。二〇〇四年には粟田小、有済小を統合して白川小学校を開校した。二〇一一年には、統合した二校を含む白川、新道、清水、六原、東山の五小学校と弥栄、洛東の二中学校を統廃合し、施設一体型の開晴館小中学校を開校。さらに二〇一四年に今熊野、一橋、月輪の三小学校と月輪中学校を統廃合して施設分離型の東山泉小中学校を開校した。

その結果、一三年間で東山区は一〇校の小学校と三校の中学校が、たった二校の小中一貫校だけになってしまった。

これだけの統廃合が一気に進んだのは、京都市教育委員会が「学校は今… 小規模校の明日をみんなの課題にしていくために」という冊子を配布し、小規模校のデメリットを強調し、父母の不安を煽《あお》るとともに、小中一貫校を「切磋琢磨《せっさたくま》できる」「学力があがる」「中一ギャップがなくなる」とバラ色に描いて宣伝をしたことがあげられる。その上「統合予定校は老朽校舎の耐震工事はしない」という方針を示したため、ＰＴＡや自治連合会役員は学校統合による小中一貫校推進の要望を決議していった。そして市教委の指導のもと「学校統合協議会」をつくり、ここから出される要望が地元の要望となっていった。これによって市教委は「地元要望による統合であり住民合意を得ている」と統廃合を進めたのである。開晴館でも東山泉でも同じ手法で統廃合が行われた。

統廃合に対する反対運動

東山区在住または東山区の学校に勤務経験のある退職教職員が中心となり、二〇〇七年に「東山の学校統廃合を考える会」を発足させ、「小規模校の弊害とは何か?」「中一ギャップの理論的根拠」「一貫教育のメリット・デメリット」「遠距離通学の問題解決」などの説明を求めて市教委と粘り強く交渉を重ねたが、市教委は根拠となる資料も理論も示すことはできなかった。

市教委の学校統廃合の本当の狙いは、子どもの発達や教育効果から考え出された統廃合でなく、教育予算の削減であり、教育改革の先取りモデルとして東山区の二つの型の一貫校小中学校を全国に先駆けて建設したものである。

今熊野学区では住民の申し入れによって、校長、ＰＴＡ役員、自治連合会役員が、地域住民に説明するという構図で話し合いが三回開催されたが、反対意見や心配は聞き入れられることなく、「統廃合は決まったことだ」と説明会も打ち切られ、住民合意には程遠いものであった。

東山区の二つの統廃合された学校を見ると、格差がありすぎる。北部の施設一体型の開睛館小中学校では、五二億円の巨費を使って豪華な校舎を建設し、粟田、有済元学区の遠距離通学のためのバスを運行し、小中全校給食も自校方式で実施している。教育課程は四・三・二制である。

一方、施設併用型の東山泉小中学校では、敷地が手狭なため、小学校跡地を全面改築した西学舎は二四億円で新築したものの、東学舎は旧月輪中学校を使用した。東山の中腹にある東学舎までは坂道を徒歩で一五分ほどかかる。小中一貫校だからという理由で教育課程を五・四制とし、六年生はこの東学舎に通わせ、制服も中学生と同じものを着用させることにした。一方は豪華な校舎、中学校まで自校方式の完全給食、一方は分離校舎、当初は六年生の給食も希望する中学生が食べている弁当給食とした。

東山泉小中学校の父母を中心に発足した「六年生を東山泉小学校に通わせたい親の会」は、六年生は小学校に通わせ、小学校校舎で最高学年の経験をさせたいという要求をかかげ、約七〇〇〇筆の署名を集め、市教委に提出したが、「もう決まったことだから」と、この声も無視された。ただ六年生には自校方式の給食を小学校から運ぶこととした。これはあまりにも当然のことである。

それにしても同じ東山区の子どもたちになぜこのような格差、差別がまかり通るのか。通学バスや全校給食の実施は当然ではないのか。

一年生から九年生まで九〇〇人の子どもたちが通う開晴館小中学校は、近接の小学校に特別教室とプールを建設することになっていたが、埋蔵文化財のため建設が遅れ、開校時はプールや特別教室がなかった。四年目にやっとプールと特別教室が完成した。

保護者に聞いてみると「一貫教育の効果やデメリットについては説明もないのでよくわかりません」「先生方が研究のために忙しくしておられる」「他県などからの見学が多い」「子どもや親の数が多いので名前がわからない」などの声があがる。バス通学や、全校給食、教員加配も手厚くされているので、問題は表れていない。

七〇〇人が通う東山泉小中学校は二年目の秋を迎えた。「超いやや!」といいながら制服を着て、重い荷物を持って急な階段、坂道を登校していた六年生たちは、今はどうなっているか。お母さんたちの声を聞いた。

Oさん……子どもは六年生になり、制服を着ていく。成長盛りだからまた買わなくちゃならない。母子家庭で余裕がない。集団登校ではないので、来年下の子が学校行くようになったら通学路が心配。交通事故や事件が多くなっている。七~九年生になっても、おいしい温かい給食を続けてほしい。

Tさん……子どもは二年生。PTA役員はしていない。うちの子どもは気がつよいので、いじめは聞かない。八時過ぎに家を出る。校門は八時までは開かない。仕事に行っている人はどうしているのかな。私はおばあちゃんがいるので助かっている。遠くから来る子は大変。車で迎えに来る親もいて、学校周辺の住民から車の苦情が出ている。学校はプリントを出して注意した。担任の先生が用事で東学舎にいき、副担任がプールの見張りに行き、学級に先生が不在となり、自習をしなさいと言われたが、教室がさわがしくなりパニック状態だった。保護者がそのことを指摘したら、「これから工夫して先生の不在がないようにする」と教頭先生が答えた。東学舎に行ったり来たりするので、先生が忙しくて落ち着かないように感じる。

Iさん……リーダーシップについて、文化祭で、これまで六年生がやっていたサウンドオブミュージックを四年生が上演した。四年生でもできると感心したが、内容などの理解はどうだったか？　早いのではと思った。五年生は学習発表を行ったが最高学年としてはかげがうすかった。六年生にリーダーとしての役割と達成感を育てると学校側は言ってきたが、六年生はほとんど東学舎で勉強しており、西学舎での活動はしていないので、リーダーシップはとれないと思う。六年生は、東学舎では開放感も持てず、運動場も中学の部活優先で遊ぶ場所もなく、本当にかわいそうだと思う。六年生で卒業式、中一で入学式がないのは区切りがつかない。六年生が中学生のクラブと一緒なら、のびのびできなくなるのではないか。

2　京都での統廃合の歴史から

京都東山区の学校統廃合の歴史をたどると以下のようなことがいえる。

1　京都では、一八七二（明治五）年八月の学制発布に先立つ一八六九（明治二）年に各町組に一校ずつ六四校の番組小学校が開校した。行政、市民ともに明治維新後の京都の再生を小学校の建設に託し、市民が資金を負担したことが早期開設を可能にした。このことは学区ごとの自治組織へと引き継がれた。

2　敗戦後、六・三・三制に基づく新制中学校の開設にともない、明治時代に番組小学校として出発した小学校の一部が中学校となり、小学校の統合が行われた。それまでの小学校区をもとにした自治連合組織は維持された。

3　一九七五年の三〇〇人以下の学校の統合計画に基づき、銅駝《どうだ》中学校を柳池中学校に統合する計画に対し、反対運動が起きる。銅駝中学校は、番組小学校として出発した小学校を戦後の新制中学校の出発に当たり中学校に転用された学校であった。銅駝中学校のたたかいを市教委は反面教師的に学び、以後に出される統廃合には、ＰＴＡ、自治連合会から要望を出させるという行政からの組織化が図られるようになる。

4　一九九〇年代の統廃合は、「モデル校、先進校を建設する」かたちをとっていくが、PTAに小規模校のデメリットを市教委作成のパンフレットで流し、市の計画を「地域住民の要望にもとづく」として進める。

5　東山区の大規模な統廃合は、小中一貫校という新たな装いを提示して、PTA、自治連合会からの要望を取り付けて進められる。

6　東山区の地域住民の反対運動は、PTA決議のあと自治連合会に要望が出されてから始まっており、条件闘争にならざるをえない実態があった。

7　学校跡地利用について、二〇一一年に出された「学校跡地活用の今後の進め方の方針」で、民間事業も対象とすることが入り、運動面で新たな段階に入ったと考えられる。

東山区の学校跡地活用の現状

東山区では一三の学校が小中一貫校二校にまで減少し、跡地は九校となっている。実は小中一貫校二校とも学校規模に対して敷地が狭く、各々二学校敷地を使用している。学校規模と敷地の関係を検討すれば同一敷地に設置するのは無理だとわかっていたにもかかわらず、まず大規模統廃合ありきで推進した。開晴館小中一貫校については「都心部初の施設一体型の進んだ教育環境をつくる」、また東山泉小中一貫校（市は併用型と称す）では一橋小に校舎建設が決まると「月輪中の活用要望書が地元から出た」と分離型を強引に進めた。プール・特別教室等に通わなければならない開晴館も、六年生が東校舎（元月輪中）からプール・行事・クラブ活動などで西校舎に通わなければならない東山泉も、移動に時間がとられ疲労している。また広域化した学区のため通学で疲れる、外で遊ぶ時間や機会が少なくなったなど問題も出ている。*子どもの地域生活の拠点でもあった学校が廃校になった今、子どもたちの様子に関心をもち、子どもたちのための活用も考える必要がある。

*森本めぐみ「大規模な学校統廃合による子どもの地域生活の変化に関する研究」大阪市大二〇一三年度修士論文。

学校跡地の活用は、住民主体で市・区・元学区レベルのまちづくりとして民主的に時間をかけて考えていくことが大切である。国や市の行政改革、民間活力路線から跡地の民間活用を迫る圧力は強いが、それをはね返していくのは住民主体のまちづくりの中で跡地活用を進めることであろう。

だが、いま進められている東山区の民間資本による跡地活用は住民主体の体制を整えるどころか、市民の目をごまかすやり方だ。学校跡地活用にかかわる民間活用を推進するため整えた「学校跡地に係る市民等提案制度（二〇一二、七）」にもとづく第一号は東山区祇園石段下の直近にある元弥栄中学校（六一〇〇平方メートル）であった。建設ニュース（二〇一四年四月）等によれば、二〇一三年公募型プロポーザル方式を経て公益財団法人日本漢字能力検定協会（漢検）を選定し、六〇年の定期借地権方式で貸与、五月から解体工事開始、二〇一六年五月に漢字博物館・図書館（設計施工大林組）が開業予定だ。公益法人に関する市民調査委員会のフェイスブック・ページによれば、跡地活用に対して議会許可のない二月の段階で、市が漢検に対して校舎解体の既成事実づくりを指摘している。

漢検に決定した背景に複雑な動きが見え隠れするが、肝心の地元への説明、地元住民の跡地活用案への参加はどのような状態だったか。漢検に特定後には市・漢検・地元連合会による三者事前協議会を五回開催したと市教委が市議会で答弁している。しかし二〇一三年二月では、祇園地区自治連合会との交渉は行われていない（市教育委員会回答）。これでは跡地活用への住民参加とはいえない。手続き上、必要とされている事前相談の段階での地元協議（意向確認）が行われていないなら、事業に対して意見を言う最低限の機会・権利を奪われていたことになる。

今年度（二〇一五年四月）になると、学校跡地担当は市教育委員会から行財政局資産活用推進室になり、学校跡地の民間活用を推進する体制がさらに整えられた。六月には「事業者登録制度」を創設し、市が早い段階から跡地活用の事業希望・ニーズを把握できるようにした。

担当部局が変わってからの最初の跡地活用も東山区の元清水小である。清水寺に向かう五条坂の中腹に傾斜地を生かして建つ「コの字」型プランでスペイン瓦やアーチ状の窓の意匠が特徴的な校舎で、中央階段から校庭を見下ろせる魅力的な学校だ。小中一貫校開晴館（二〇一一年）の開校により跡地になった。二〇一五年七月、市は元清水小を定期借地権方式で長期借り受け、文化的・歴史的に価値が高い校舎の主要な意匠の保存再生活用等を条件にホテルかブライダル施設として活用する事業者の募集を始めた。市は清水地域ならではの特徴を盛り込んだ学校跡地活用の先進モデルとなる提案を期待しているというが、住民には寝耳に水だ。一〇月上旬の応募締切りまでに一〇社の応募があった。これから非公開で、後は事業者選定委員会（五人）が業者の選定に入る。事業選定委員会には「地元代表者の参画」と表して自治連合会役員が入っている。いったい、いつホテル等の事業に活用することが決まったのか。三月の広報によれば、「市民提案制度」により五社（ホテル三社ブライダル二社）*からホテル、ブライダルの提案があり、いずれも着手の条件をみたすので庁内の学校跡地検討委員会で決定したとされている。その時期には自治会代表者に事前相談や意向確認があったはずだが、元学区住民の合意形成を促す市の働きかけはなく、自治連合会の会議にも回覧でもホテル化の話はなかったという。市が進めているのは地域有力者を取り込んだ形だけの「地域の合意」である。民間活用には住民に見えない金や影の力が絡んでくる話になりがちであり、住民参加と民主主義が求められる。

今後、民間事業が開業されていくと、学校時代とは全く違う地域への影響が生じることが予測できる。契約終了まで三者協議会が存続することになっているが、はたして充分に住民の声は届くのか。文化的伝統的な公共財である学校跡地を儲けの道具にすることなどあってはならないことなのである。学校跡地の民間活用を推し進めれば、学校を中心に作られてきた京都のコミュニティの魅力が崩壊する。

地域文化の中で育てるという子育て環境も失う。むしろこれからの少子・高齢化社会に必要とされる豊かな活用の仕方を創出すべきではないだろうか。

住民にはまちづくり権がある。それが尊重される住民主体のまちづくりとしての跡地活用が進むように市は支援するのが役目である。まちと学校をどうするかを決めるのは住民なのだから。

教訓と反省

京都市教育委員会が東山区で進めた小中一貫校教育は、形の上では成功例としてモデル地区とされ、いろんな所で紹介されている。地域に根ざしたコミュニティスクールとして建物は外観もきれいに見えて、全国からの見学者が感動するともいわれている。

しかし、その本質は何であったのか、二〇〇七年以降の「東山の学校統廃合を考える会」などの活動（約八年）を通しての教訓と反省をまとめてみた。

1　二〇一〇年、東山区の京都華頂大学で、第一回「学校統廃合と小中一貫教育全国交流集会」を開き、全国にこの問題の重要性を伝え、各地の運動の交流で学びあった。小中一貫教育は、いろいろな理由をつけても、本質は教育リストラであり、京都の場合、毎年約二〇億円、この一〇年で約三〇〇億円の予算の軽減があること、そしてそのための京都方式が地元の要望という形をとることなどを学びあった。その後毎年、東京、京都、大阪でこの集会は続けられている。

2　地元、東山区では、二〇一二年に五・四制に疑問を持った若いPTAのお母さんが中心に「六年生を東山泉小学校に通わせたい親の会」を結成、学習会や教育懇談会を開催、市会各会派議員まわり、署名約七〇〇〇筆を集め京都市教育委員会へ要望書の提出などの活動を行った。その結果、六年生を中学校の校舎に通学させることは止められなかったが、六年生の給食を小学校校舎から運搬することや、小学校校舎での活動の機会を増やすことなどの成果があった。

3　東山区南部の小中一貫校（施設分離型）で、六年生を中学校に通わせる矛盾は大きい。六年生は中学校でリーダーシップをとる機会が少なく、この年齢の発達を阻害している。

4　反省点として、初期の活動は退職教職員が中心で、地元の愛校精神の強い保守層の参加が弱かった。また、大阪などのように一般新聞の折り込みで活動をPRするまでに至らなかった。学区の自治連合会の民主化も大きな課題であるといえよう。

第9章　大阪府・市の小中一貫教育の現状

府下各自治体で、小中一貫校は急速に広がっている。施設分離型一貫校（呼称に「学園」を用いるケースもある）はこれまでの小学校・中学校を建前にひと括《く く》りにするだけなので、すぐにできるメリットが行政側にあるが、これまでと何が違うのか見えにくいデメリットもある。寝屋川市、池田市などで広がっている。新たな校舎建築の必要がないのでコストは限りなくゼロであり、統廃合を伴わないので地域住民とのトラブルもなく、単なる連携型よりも一貫教育をアピールできる。法制化を受けて今後このタイプの小中一貫校が増加することが予測される。表に見るように施設分離・連携型一貫教育は一五市で、「小中連携」を含めるとほぼすべての自治体で実施されている。

施設分離型の各市の特徴の一つとして、主に学力向上や授業改善など、教育「改革」・教師の意識「改革」の方策として小中一貫教育がすすめられている。また、九年間を見通したカリキュラムづくり、共通の「めざす子ども像」づくりなども共通してすすめられている。

茨木市、大東市、交野市、東大阪市、松原市、泉大津市、岸和田市、泉佐野市等は全市的な小中一

羽曳野市 ○	2012年、市長は一貫教育推進を表明。埴生小学校と羽曳野中学校を統合することについて施設一体型一貫教育推進 2015年、全小中学校に対し、これまでの連携教育ではなく一貫教育をすすめる
河内長野市 ○	2000年「教育立市」宣言。小中一貫教育の推進を重点の一つとして打ち出す。全市的に施設分離型小中一貫教育を推進。2015年度から、学力向上と結びつけた小中一貫教育の推進。教職員組合は市教委と話し合い、「小中一貫教育と学校統廃合を結びつかせない」ことを共通確認に
藤井寺市	動きなし
堺市 ○	2006年、さつき野小とさつき野中を「小中一貫キャリア教育特区」の認定を受けて小中一貫教育を導入 2012年、「さつき野学園」施設一体型一貫校としてスタート。2011年度は、21中学校区（43小学校）が小中一貫教育推進校に。「大泉学園」施設一体型一貫校で小中教員相互乗り入れ授業
泉大津市	全市的な小中一貫教育方針はない
和泉市 ○	2017年度までに、すべての小中学校で小中一貫教育を行うとしている。既存の学校は分離型小中一貫教育を行い、はつがの地区に2017年、施設一体型小中一貫校が新設開校予定
高石市	「小中一貫教育」の名前は使われていないが、2012年より幼小中連携
岸和田市 ×	小中の交流がさかんに言われるように
貝塚市 ×	2005年、二色小と第五中で府の小中連携研究指定を受ける
泉佐野市 ×	幼小中合同研修会
泉南市 ×	2014年、教委は「１小１中の地域を小中一貫校にすることを選択肢から外していない。」
忠岡町 ×	幼小中連携を行っている。また、2015年より中学校の英語教師が小学校２校で授業
泉南 ◆	（熊取町、田尻町、岬町、阪南市）小中一貫教育の動きはないが、阪南市では学校統廃合が少しずつ行われている
大阪市 ○◆	2011年、市内299小学校と130中学校で小中一貫教育導入 矢田・矢田南小中一貫校は「やたなか小中一貫校」（東住吉区）として2012年開校、2014年度募集 啓発・中島小中一貫校は「むくのき学園」（東淀川区）として2014年募集・開校 今宮小中一貫校（新規）は「いまみや小中一貫校」（西成区）として2015年開校。（萩ノ茶屋小、弘治、今宮の３小学校を統廃合） 2014年、住之江区長は南港南中学校、南光緑小、南光渚小の３校を施設一体型小中一貫校にする案を公表、早ければ2018年開校予定
大阪府 ×◆	「『大阪府小中一貫教育推進事業』として、教員の人事交流や兼務発令等による『小中学校間いきいきスクール』を府内145中学校区で実施。 ─ いわゆる『小中一貫校』の設置については、市町村が判断すべきことであり、府教育委員会としては、小中９年間の一貫性のある教育の推進を図る一助となるよう、効果的な連携・接続のあり方についての考え方を示す」（府議会における府教委教育長答弁2006年11月24日） 「大阪の教育力向上プラン」（教育振興計画の原案）「大阪府教育振興基本計画」（2013年）などには小中一貫教育の文言はない

※囲み枠がある自治体は、施設一体型一貫校や施設隣接型一貫校、施設分離学園型一貫校がある自治体（予定を含む）

※○は全市的な小中一貫教育方針が策定されている自治体。×は無し

※◆統廃合計画がある自治体

表　小中一貫教育についての大阪府下各自治体の状況（2015年7月4日現在）

能勢町 ○◆	2009年、6小学校2中学校を小中各一校に統廃合方針を発表。2016年開校予定
箕面市 ○	2008年、止々呂美小中一貫校が府下最初の施設一体型小中一貫校としてスタート 2011年、府下2番目の施設一体型一貫校「彩都の丘学園」4・3・2制導入。5年生から教科担任制、制服着用。スタート時の71名から600名に児童・生徒が急増し校舎増築を決定
池田市 ○◆	2011年、11小学校と5中学校を統廃合して最終的に5つの小中一貫校にする「学校施設再編整備計画」。市民の反対により、2014年、伏尾台小学校と細河小学校を統廃合して施設一体型ほそごう学園のみ開校
豊中市	保幼小連携カリキュラム計画。全市の約半数の小学校で6年の教科担任制を実施 蛍池小と第18中が1中1小型小中一貫教育の研究校として指定
高槻市 ○	2010年「連携型小中一貫教育の推進」を発表 2015年施設一体型一貫校設置を打ち出す
島本町 ○	町内2中学校4小学校で「小中連携」、小中一貫教育
茨木市 ×	「小中連携」中学校区に3～4校の小学校と中学の担当者を集めて連携
摂津市 ○	全市的に小中一貫教育方針の下、小中一貫教育を実施
吹田市 ○	2011年　施設隣接型小中一貫校「千里みらい夢学園」開校
守口市 ○◆	市は、市全域で1中学4小学校を統廃合し、さらに1中1小を統合して施設一体型一貫校「さつき学園」を2016年4月開校予定で計画をすすめている
寝屋川市 ○◇	2005年、全市12中学校区で1中2小を基本に小中一貫教育を導入、2小学校廃校 「英語教育特区」を受け「国際コミュニケーション科」導入、小学校1年から英語教育 2011年より「12学園構想」として中学校区に「○○学園」
枚方市 ○◆	2010年「小中連携」スタート。小中一貫英語教育特区 2015年「施設一体型一貫校」建設と全市的に小中一貫教育実施
大東市 ×	2015年、駅前再開発計画の中で施設一体型小中一貫校建設を突如打ち出す
門真市 ○◆	2007年「門真市小中一貫教育推進プラン」にもとづき、2009年に小中一貫教育課程研究委員会 2011年、保幼小中の「一貫教育」推進に改編。2008年、門真市学校適正配置審議会「小中一貫教育推進プラン」「1中2小」方針により3小学校廃校計画、1校のみ廃校
四条畷市 ○◆	2012年、市が東小と南小の統合を打ち出す 2013年、「まちづくり長期計画」で、7小学校の内2小を、4中学校の内1中学を廃校にと発表。小中一貫教育推進と学校統廃合を内容とする「四条畷市における学校適正配置について（素案）」「1中2小」方針、全市的に小中一貫教育。施設一体型忍ケ丘小中一貫校建設計画
交野市 ×	全市的な小中一貫教育方針はない
東大阪市 ×◆	全市的な小中一貫教育方針はない。幼小中連携あり
八尾市	2010年、適正規模等審議会答申で小規模校の問題解決の方策として施設一体型小中一貫校建設を提言 2016年、施設一体型一貫校「高安小中学校」が開校予定
柏原市 ○	2007年、幼小中一貫教育提唱。小中一貫教育特区認定を受け一貫校。「1小1中分離型一貫校」 2012年「2小1中連携型幼小中一貫校」として堅下北中校区、柏原中校区、国分中校区、玉手中校区で取り組み。「堅上小・中学園」「堅下南小・中学園」、他に4つの中学校区が「2小1中連携型」 2015年　学校耐震化工事予算を取りやめ、3小中学校を廃校とし施設一体型小中一貫校をつくる見積もり予算
松原市	動きなし

貫教育の方針はないが、「小中連携」の推進などの文言はどの市も市の教育方針の中にある。

学校統廃合の計画は、大阪市、能勢町、池田市、守口市、門真市、枚方市、東大阪市、四條畷市、阪南市等一〇市町で表面化している。その多くの市で、学校統廃合の方策として小中一貫教育が利用されている。学力向上や授業改善、教育「改革」など、様々に小中一貫教育導入の理由が述べられていたとしても、それが学校を減らしたりなくしたりする理由とはなりえず、統廃合を正当化する口実でしかないと言わざるをえない。門真市のように、「一中二小」方針（小中一貫教育を効率的にすすめるには中学校一校と小学校二校がよいとする）による統廃合については、なぜ「一中二小」なのか科学的根拠がなく、校区内の三つある小学校を二つに減らすためだけに利用された。

大阪府教委は、「小中連携」を方針に掲げるが、「小中一貫教育」という文言は、方針に記述がない。

1　小中一貫教育の「成果」は検証されていない

大阪では小中一貫教育の成果は検証されていない。いくつかの小中一貫教育研究発表や学校公開に参加し、施設一体型一貫校に勤める教員から実態を聞き取りするなどして、小中一貫教育の「成果」を確かめようとしてきた。しかし、今日に至るまで、小中一貫教育というシステムの優越性や小中一貫教育の独自の「成果」は確認できなかった。

もちろん、施設一体型一貫校でも、分離型一貫校でも、そこで指導する教職員は、全力で子どもと向き合い、指導を工夫し、よりよい教育を実現しようと奮闘している。よく考え抜かれた公開授業も見せていただいた。しかし、下級生が上級生を見て憧れを持つとか、上級生に優しさが育ったなど、成果といわれているもののほとんどは、「小中連携」や通常の一般校で取り組まれている校内研究で十分達成できる内容のものと感じた。

むしろ大阪でも、通学バスの問題（校区が広範囲で通学バスが渋滞に巻き込まれて始業時に間に合わないなど）や七～九年の中間・期末試験時における問題（四五分授業の小学生が休憩に入ると校内がうるさくなって試験に集中できないことから小学生も五〇分授業に変えた）など、施設一体型一貫校の様々な矛盾や問題点が見られた。

文科省は、小中一貫教育と小中連携教育を区別して定義しているが、現場や一部研究者の中では区別が曖昧《あいまい》で「小中一貫教育」というシステムの独自性が明確に意識されていない実態がある。一年から九年までが共同生活を送る一つの学校として、どのように効果的に異学年共同の実践を展開し、その結果どのような成果が上がっているか、そのことを明らかにしなければ戦後七〇年近く続いてきて日本の教育に大きな役割を果たしてきた六・三制を否定するには説得力不足といわなければならない。現行の六・三制の中でやるべきことはまだまだあるし、新たな教育実践を切りひらいていく可能性があると考える。

他方、府下の自治体で反対運動が広がっている。

池田市では、二〇一一年の調査後、保護者・住民と池田教職員組合などが共同して「統廃合をすすめる施設一体型一貫校建設ストップ」を掲げて運動を展開してきた。その結果、広範な保護者・市民の世論の広がりの中で市当局は計画を大幅に見直さざるを得なくなった。

現在、守口市、和泉市、柏原市で施設一体型一貫校建設をめぐって反対もしくは慎重な手続きを求める保護者・市民・教組などとの間で懸案になっている。その中で、小中一貫教育とは何か、学校の適正規模とはどうあるべきか、小規模校のメリットはなにか、などについて、保護者・市民と教職員の学習が広がり、保護者・市民の自主的な運動が構築されてきている。

「六・三制を堅持する」「教育内容の前倒しはしない」「教職員の多忙化を許さない」「学校統廃合反対」などを掲げて小中一貫教育問題で教職員組合や市民団体が市教委と協議し、行政側の一方的な執行に歯止めをかける取り組みがすすんでいる。

2 大阪市の小中一貫校

橋下徹前大阪市長は、学校統廃合の手段としての学校選択制、市立幼稚園民営化などを掲げた。市民はこれを地域破壊の攻撃ととらえ、地域ぐるみの反撃が開始された。

地域破壊、大阪市解体を進めるのが「大阪都構想」である。政令指定都市である大阪市を廃止し、権限も財源も乏しい五つの特別区に分割するか否かが問われた「住民投票」が、二〇一五年五月に実施され、反対（七〇万五五八五票）が賛成（六九万四八四四票）を上回り、大阪市の廃止・分割は否決された（投票率六六・八三パーセント）。橋下・維新政治が「人情の町」に持ち込んだ、「既得権益の人たち」対「改革」、「高齢者」対「子育て世代」などの対立と分断、地域社会＝地方自治の破壊を幅広い市民の共同が許さなかった。

大阪市は二〇一五年四月、七小学校を三校に統合した（萩之茶屋小、今宮小、弘治小三校を統合し「新今宮小」を設置、今宮中学校と併せて「いまみや小中一貫校」を設置した。また、津守小、梅南小を統合し梅南津守小を、鶴浜小、鶴町小を統合し鶴町小をそれぞれ設置した）。それ以外の小中一貫校の開校の経過、計画も次のよう進んでいる。

やたなか小中一貫校（矢田小学校・矢田南中学校）（東住吉区）（二〇一二年四月）

小中一貫校むくのき学園（啓発小学校・中島中学校）（東淀川区）（二〇一四年四月）

いまみや小中一貫校（新今宮小学校・今宮中学校）（西成区）（二〇一五年四月）

日本橋中学校区小中一貫校（浪速区）（二〇一七年四月）恵美小、日東小、日本橋小

南港南中学校区小中一貫校（住之江区）（二〇一八年四月）南港渚小、南港緑小

統廃合対象校の数が多い区は、生野、西成、浪速各区である。

日本橋小中一貫学校建設に反対する地元住民の陳情書が大阪市議会に二〇一五年二月三日提出された。次のように述べている。「私たちの日東小学校は現在約二四〇名の児童がおり、来年度の入学予定者は約六五名と児童数増加の傾向です。過小校の統廃合ならまだしも、現在の日東小学校の廃校など認めるわけにはいきません。又地域町会活動、地域コミュニティの中心的役割を担っております」

やたなか、むくのきは一小学校一中学校であり、かつての同和教育推進校である。「大阪市の教育は『荊冠旗《けいかんき》』を掲げた同和教育から『日の丸』を掲げた人権教育への転換」と指摘されたのが一九九八年。* かつて、政府の施策を先取りして習熟度別授業などを積極的に推進したのが旧同和教育推進校であり、いま、それが小中一貫校となって「小学校一年生からの生きた英語学習」「英語検定・漢字検定」などを掲げ全市から児童生徒の募集をしている。

*柏木功「大阪市の人権教育について」『人権と部落問題』No.八三〇（二〇一二年六月）

子どもの貧困対策の推進に関する法律が二〇一三年六月成立、二〇一四年一月施行され、「子供の貧困対策に関する大綱」が閣議決定されたが（二〇一四年八月）、学校現場にいる者から見ると、大きな前進は見られないし、大阪市では貧困、格差の拡大は進んでいる。西成区の小学校では、小規模校のよさを生かし、子どもたちに手厚い教育が行われてきたが、いまみや小中一貫校において、引き継がれることを願う。

3 進められる大阪市の統廃合

大阪市は二〇一二年五月一一日の戦略会議（出席者：市長・副市長・大阪府市大都市局長・市政改革室長・人事室長・政策企画室長・総務局長・市民局長・財政局長・都市計画局長・区長代表）で「今後の施設

一体型小中一貫校の設置方針について」を決定した。

その「会議要旨」は、「校区を越えて児童生徒を受け入れることにより学校の適正規模を確保するとともに、学校ごとに特色化を図ることにより児童・生徒・保護者のニーズに応えるという観点から、今後の施設一体型小中一貫校設置にあたっての基本的な方針を確認した」となっている。

橋下徹市長（当時）は会議のなかで、「平成二五年度に示される予定の新たな行政区割につき一校設置するということは地域の核となる施設になるので、まちづくりにも大いに生かしてほしい」「区役所のまちづくりマネジメントのなかに小中一貫校をしっかりと位置付けてほしい。習熟の程度に応じ、学年を縦断した反復学習や発展的な学習の充実というのを入れてもらったが、これは留年制度の問題を提起したこととの現実的な方法の第一弾として始めてもらうことでよいか」「年齢による進級という画一的な進級制度を柔軟にするモデルにしてもらいたい」と語った。

橋下前市長は、「留年」や、「生活指導サポートセンター（個別指導教室）」（問題行動を繰り返し、出席停止措置を受けた者を出席停止の趣旨にのっとり、状況に応じてセンターにおいて個別指導を行う。二〇一五年五月設置）を持ち出して子どもたちを脅している（橋下市長は「教育とは二万パーセント、強制」という考え方の持ち主である）。徹底した競争主義、管理統制主義の特異な教育観をもつ首長の教育介入が教育を破壊するものであることがわかる。

また、「分権型教育システム」を掲げ、区長を担当教育次長とし、幼稚園民営化、学校統廃合を進めようとしてきた。

大阪市は第三七回大阪市学校適正配置審議会（二〇一五年三月一六日）、第八回教育委員会（三月二

四日)、第一回総合教育会議で、「今後の学校適正配置の進め方について」決定した。

小学校の適正配置(統合)の基準は、①複式学級がある小学校。または、複式学級がないが、全ての学年の児童数が二〇名未満で、男女比に著しい偏りがある小学校(該当一校)。②児童数が一二〇名を下回り、今後も一二〇名以上になる見込みがない小学校(七校)。③児童数が一二〇名以上であるが、今後一二〇名を下回る見込みの小学校(四校)。④今後とも全学年単学級の状況である見込みの小学校(一八校)。⑤現在七学級以上一一学級以下であるが、今後全学年単学級になる見込みの小学校(一三校)。⑥今後、七学級以上一一学級以下になる見込みの小学校(四〇校)。計八三校である。

「分類区分①~⑤については、緊急性が高く、早急に解消する必要があることから、速やかに再編計画に着手することとする。着手が困難な事案についてはその課題を明確化し、他区の事案も参照しながら課題解決を図る。分類区分⑥については、児童数の推移を注視しながら着手時期を判断する」

総合教育会議で示された学校統廃合の具体的な進め方は以下の通りである(別項)。

分権型教育システムで各区長を区担当教育次長として任命し、区長が統廃合を主体的に進めるとしている。財政問題を理由に、子どもたちの教育条件を悪化させ、地域コミュニティの核である学校を大量につぶそうとしている。

対象校数が一三校と最も多い生野区では、小学校六~七校、中学校三校の廃校を目指す「生野区小・中学校教育環境再編方針(素案)」が二〇一三年一一月に出され、「生野区小・中学校教育環境再編方針「学校配置の見直しについて」が二〇一四年に公表された。

さらに生野区は、二〇一五年七月一六日付ホームページで「生野区西部地域教育特区構想~教育研

（別項）　分権型教育行政における学校適正配置のあり方

今後の区（区担当教育次長）の役割

区担当教育次長が広く区内の教育環境や教育内容の充実、まちづくりの観点から保護者、地域住民や学校長の意見を聞きながら、主体的に学校適正配置を進めていく必要がある。

1．区担当教育次長による再編プランの策定

2．区担当教育次長の責任による再編計画の遂行

3．統合によるメリットの明確化

ア．統合の特色化、活性化

イ．小中一貫校の設置（教科担任制の導入、中学校給食の自校調理）

ウ．個別事案への対応（モデル校や研究校の設定等）

エ．地域コミュニティの特色化、活性化

4．閉校後の土地・建物の転活用について

ア．引き続き地域コミュニティの拠点とし、投票所や災害時避難所として指定

イ．他の公共用施設への転用、企業等への条件付使用貸借等、市有財産のまま転活用

ウ．ア及びイに該当しない場合、区担当教育次長が住民に対して説明し、理解を得たうえで速やかに売却

究の充実やまちづくりの観点を踏まえた新たな学校への再編～」を公表した。その内容は「1　まちの将来を見据えながら幼少期から中学卒業までを全体として捉え、小中一貫したよりよい教育環境をつくります。」となっており、「小中一貫した」教育を掲げ、統廃合を隠している。

「平成二七年度生野区運営方針」による「学校配置の見直し」計画は次のようになっている——全一一小学校が小規模校である区の西側エリアにおいて、保護者をはじめ地域住民と丁寧な意見交換を重ね、学校統合パターンを複数

とりまとめる。その後、パターンの絞り込みを進め学校統合計画（案）をとりまとめる。

他方、橋下前市長は、二〇一三年六月五日、政府の成長戦略について、「安倍晋三首相には意気込みがある。公立学校の民間開放など何百、何千も規制緩和を積み上げないと日本の成長につながらない。学校を公設民営化すれば教育分野で新市場が創設される」と述べた。

それを受けて二〇一四年、大阪市教育委員会は、「公設民営学校の設置における制度設計（案）」（二〇一四年五月二七日時点）を公表した。この「制度設計（案）」によれば、「国際バカロレアの認定コースと特色ある学科を併せ持つ中高一貫校」を設置し、「大阪の子どもたちを対象に、中学校の早い段階から、グローバル人材と特色ある人材の双方を育成に資する機会を提供するとともに、国際的な人材の子女の受け入れなどにより、国際ビジネス環境を整えた都市づくりに寄与する」としている。条件付きで営利法人の参入も可能とした。

公設民営学校第一号を開設しようとしているように、橋下前市長によって大阪市の教育は、「日本全体を見回した時に、壮大な『社会実験』の場にさせられようとしている」（小野田正利大阪大学大学院教授）。思いつき・暴論・強要の「橋下政治ショー」への市民の反撃はすでに始まっている。

第10章　和泉市の小中一貫教育に対する取り組み

和泉市は、大阪府の中南部に位置し、世帯数七万六〇〇〇、人口一八万五〇〇〇（二〇一五年）の衛星都市だ。一九八六年から進められてきた和泉中央丘陵（トリベール和泉）開発事業により宅地造成が進み、一九九二年に一小、一中学校が開校、二〇〇六年に「青葉はつが野小学校」が開校した。その後も「はつが野地区」の開発事業は進み、二〇一五年には「青葉はつが野小学校」に通う児童は一二〇〇名を超え、過大規模化が問題になっている。和泉市で進められている小中一貫教育と施設一体型の小中一貫校建設に対する運動、また、小中一貫校への移転統合の問題について述べる。

和泉市教育委員会は、二〇一三年二月、市議会に「平成二九年（二〇一七年）には全中学校校区で小中一貫教育を実施する」「平成二九年四月に施設一体型小中一貫校をはつが野に開校する」と説明した。

泉北教職員組合（以下、泉北教組）は、突然出てきたこの小中一貫教育について学習をし、市教委との折衝などを行ってきた。そして、この問題は市の教育に関わる重大な問題ととらえ、広く地域の民主団体、地域住民にも呼びかけ、「和泉市の子どもと教育を守る会」（以下守る会）を発足させた。守る会は、唐突にも見える和泉市の小中一貫教育・一貫校建設の動きを市民に知らせていくことを当面の運動の柱とし、学習会、教育委員会への請願、情報公開請求などを行い、その都度明らかになったことをビラにして市民に知らせてきた。

1　小中一貫教育と一貫校のねらいと問題点

和泉市教委は小中一貫教育のねらいに、中学入学後の不登校やいじめの増加、生徒の問題行動の増加などいわゆる「中一ギャップ」の解消、「学力向上」などをあげている。しかし、市教委は当初から「和泉市の一〇中学校区は、校区の事情が様々であるので、校区の実状に応じてすすめてほしい」「小中一貫教育で全市的に統一した教育のねらいを持つことが困難なことは認識している」「『小中一貫教育』の名称を使用するが、従来の小中連携をさらに進めると認識してほしい」と、泉北教組の交渉で回答している。本格的に小中一貫教育をスタートする前から、推進のための教育的根拠は既に崩れていたのだ。

さらに、市教委は、施設一体型小中一貫校を建設の大きな理由に、はつが野地区開発に伴う既存の小・中学校の大規模校化の解消をあげている。しかし、新設校ができても、宅地開発予定地が校区になるので、既存の小学校で一二〇〇人を超える現在の状況は解消されないという大きな問題点を抱えたまま、一貫校建設が進められている。つまり、和泉市の小中一貫校の建設は、本来なら小学校も中学校もそれぞれを新たに建設すべきところを、一貫校という形で一校のみの建設で済ませるという財政効率を優先した政策という意味合いが非常に強いといえる。

小中一貫教育の教育的意義が明らかにされていないにもかかわらず、施設一体型の小中一貫校の建設を進めてよいのか。そう考えた守る会は、「なぜ急ぐのか　施設一体型小中一貫校」の見出しで二枚目の市民向けのビラを作製、さらに和泉市教育委員会に「二〇一三年の七月市議会に施設一体型小中一貫校の建設に向けた予算を計上しないこと」を求める請願を提出した（資料10－1）。

守る会が提出したこの請願は、二〇一三年六月二〇日、和泉市教育委員会議で教育委員の全員一致で不採択となった。会議において、守る会の四つの請願要旨に対して十分な審議がなされたとは言い難いものだった。特に問題なのは請願要旨「独断専行をやめ市民の参加・参画の教育行政を」についてで、守る会は請願書で「和泉市の全中学校校区での小中一貫教育の実施、和泉市初の施設一体型小中一貫校の開設というこの重要な教育政策の立案過程に市民の参画は一切なされていません」として、「独断専行をやめ市民の参加・参画の教育行政を」と主張した。しかし、これについての論議は一切なかった。

そして、七月二六日、和泉市議会（定数二四）の最終本会議で、二〇一三年度和泉市一般会計補正予算が可決された。この補正予算には、はつが野地区への「小中一貫校設計委託料六〇〇〇万円」が含まれている。可決されたが、三会派八名もの議員の反対があった。予算案採決に先立つ討論では、

資料 10－1　和泉市の子どもと教育を守る会」の市議会への請願（抜粋）

【請願要旨】

1．施設一体型小中一貫校の開設は慎重に検討を

（略）

2．独断専行をやめ市民の参加・参画の教育行政を

和泉市は 2011 年３月、和泉市自治基本条例を制定した。その第 28 条では次のように定められている。

第 28 条　私たち市民は、政策の立案過程に参画することができます。

2　行政は、市民が政策の立案過程に参画することができるように、適切な措置を講ずるよう努めなければなりません。

「行政」には「教育委員会」が含まれ、「参画」とは「行政の政策等の立案、実施及び評価に至る過程に、市民が責任を持って主体的に参加すること」、「市民」とは「市内に住み、働き、又は学ぶ者及び市内に事務所又は事業所を有する個人又は法人その他の団体」と第３条で定めている。和泉市の全中学校校区での小中一貫教育の実施、和泉市初の施設一体型小中一貫校の開設というこの重要な教育政策の立案過程に市民の参画は一切なされてはいない。（略）

3．狭い敷地に小１から中３まで 30 学級、体育館・プール１つは劣悪な施設条件

（略）

4．大規模校解消のために施設一体型小中一貫校をつくるのは教育と地方自治より財政効率優先

（略）

【請願事項】

和泉市議会平成 25 年第２回定例会に施設一体型小中一貫校建設に向けた予算を計上しないこと。

反対した三会派（共産党・清和会・緑風クラブ）の代表がそれぞれ意見を述べたが、いずれの会派代表も反対する理由に、はつが野地区への「小中一貫校設計委託料」が予算に含まれていることを挙げた。

一括採択を行う補正予算案に八名もの議員が反対するのは、和泉市議会においては異例の事態だ。しかも、いずれも小中一貫校建設問題を理由にしていることは、この間の動きがあまりにも唐突で性急過ぎること、そのために、この問題での市民合意が得られていないことを物語っている。

2　補正予算可決後の運動と到達

「小中一貫校設計委託料」を含む補正予算が可決され、施設一体型小中一貫校の建設が進められることが決まったことで、私たちの取り組みは、建設に待ったをかける運動から、「小中一貫教育」の教育内容と施設一体型小中一貫校の設計をめぐる運動に変わってきた。

守る会は、二〇一三年に大阪で行われた「学校統廃合と小中一貫教育を考える全国学習交流集会」で明らかになった、施設一体型小中一貫校の問題点を市民向けのビラで知らせ、泉北教組は、全国集会の資料をダイジェスト版にして市教委に提出し、交渉の前に説明を行うなどの取り組みも行ってきた。

そして、二〇一四年二月、泉北教組と和泉市教委との交渉で教育委員会は、「和泉市の小中一貫教

資料10－2　泉北教組が行った対市教委交渉での和泉市教委の主な回答

〈和泉市の小中一貫教育の教育内容について〉

- 和泉市の小中一貫教育は、あくまで学習指導要領の枠内での取り組みであり、6・3制の枠組みを変えずに取り組む。
- 学習指導要領の枠内での内容の精選・指導の重点化はあるが、「前倒し」教育を行うことはない。
- 小中一貫教育の取り組み内容は、それぞれの中学校校区の子どもの状況・課題に基づき決めていく。特定の取り組みが画一的に押しつけられることはない。
- 小学校高学年の教科担任は、原則として小学校教員がこれにあたる。ただし、乗り入れ授業の中学校教員によることも視野に入れる。
- 乗り入れ授業の画一的な押しつけは行わない。乗り入れ授業には、原則兼務発令が必要であり、その際、兼務発令は学期単位で出すことができる。
- 「小中一貫教育連絡協議会」の役割は、各中学校校区での小中一貫教育の取り組みを交流することにあり、特定の一貫教育の取り組みを各校に押しつけることはない。

〈はつが野新設校の施設設計について〉

- 小学校教育、中学校教育がそれぞれの独自性は保持される校舎設計を行う。
- 体育館、プールは小学校と中学校の共用となるが、それぞれの授業が支障なくできるように大きさなどに配慮した設計にする。
- 図書室については、小学校と中学校個別にするか、共用にするかは、検討中である。
- メイン運動場と小学生用遊具を設置したサブ運動場をつくる方向で検討はしている。
- 職員室は1つであるが、小中別会議、分掌別会議、教科別会議など各種会議が円滑にできるようにする。
- 設計の過程で、教職員、保護者、地域住民からの意見をお聞きするよう配慮する。

〈少人数学級の実現、教職員定数改善について〉

- 35人以下学級、30人以下学級の実現、教職員定数改善に向け国・府に働きかけていく。
- 和泉市の独自措置での小六、中一の少人数学級の実現については、現状では困難である。
- 小中一貫教育モデル校に負担軽減のための和泉市独自措置による教員の加配を追求する。

〈小規模校について〉

- 児童生徒数が減少したからすぐに学校を統廃合して施設一体型一貫校にするといった考えはない。小規模校の在り方については、地域の意見・各学校の実情をふまえて検討していく。

育は、あくまで学習指導要領の枠内での取り組みであり、六・三制の枠組みを変えずに取り組む」「『前倒し』教育を行うことはない」「乗り入れ授業の画一的な押しつけは行わない」と回答し、また、はつが野新設校の施設については「小学校教育、中学校教育がそれぞれの独自性は保持される校舎設計を行う」と回答した（資料10－2）。守る会が提出した「和泉市の小中一貫教育に関する要望書」（同三月）でも同様の回答をしている。

さらに、市教委が、小中一貫教育についての教職員アンケートを実施したり、新設校のそれぞれの教室の設計について和泉市の教職員から意見を集約する機会をもったりしたことは、現場の教職員から声を聞くという点で一定評価できると考える。

3　小中一貫校のねらいは学校統廃合

二〇一三年七月、守る会は市教委に対して「小中一貫校建設に関わる」議事録・資料などの公開請求を行った。市教委が公開した資料により、小中一貫校建設の隠されたねらいが明らかになった。和泉市役所内の「政策調整委員会：施設一体型小中一貫校について」（二〇一三年）の資料には「今後の施設一体型の小中一貫校については、小中学校の児童生徒数の減少となる地域においても検討すべき課題であると考えます」とした上で、一貫校への検討をする具体的な校区名まであげている。まさに、施設一体型小中一貫校が小規模校の統廃合に使われようとしていることが明らかになったのだ。

さらに、同じ資料には、「南松尾地域（新設校に隣接する地域で、和泉市で最も小規模の一小一中を有する）を新校の校区に編入することは適正規模での教育という観点から適した対応であると考えます」とある。つまり、市教委は当初から統廃合を重要な目的としていたのだ。

しかも、「南松尾校区は市合併当時から、一小一中を有した校区であり、開校百数十年を超える地域で、閉校となると反対となることも予想されます。よって、現時点での就学区域への組み入れを表明するのではなく、教育委員会としては、学校施設面や集団教育面、また、通学方法も検討しながら、地域からの同意を得たいと考えております」と、反対運動が起こらないよう統廃合をすすめることまで文章化していた。守る会では、公開請求で明らかになった小中一貫校の建設のねらいをビラにして市民に知らせてきた。

一方、和泉市教委は二〇一四年九月に「南松尾小・中学校の今後について」第一回保護者説明会・懇談会を開催し、南松尾小学校・中学校の今後のあり方についてA案、B案、C案の三案を提示してきた。A案は、現状通り小学校一校、中学校一校を存続させる。B案は、小学校を存続させ、中学校のみ新設の小中一貫校に移転統合する。C案は、小学校・中学校ともに新設小中一貫校へ移転統合する。というものだった。それぞれの案の長所、課題を合わせて提示した表になっているが、一一月に開かれた第二回「南松尾小・中学校の今後について」保護者説明会・懇談会では、市教委としては「適正規模のもと、九年間連続性のある教育課程で学習できること、人間関係を広げる機会を保障できること、新しい施設で充実した教育環境で学校生活を送ることができることから、C案が最も望ましい」と提示している。まるで、小規模校では人間関係が広がらず、充実した教育環境が望めないかのような表現で、C案へと参加者を誘導していたのだ。
その後、市教委は二回にわたり南松尾小・中学校の保護者を対象にアンケート調査を実施している。アンケートでは、小学校、中学校ともに移転統合するというC案への賛成は、一回目五七・六パーセント、二回目で五四・四パーセントとなっている。市教委が「最も望ましい」と提示してもC案賛成は六割に届かず、とてもC案で地元合意ができたとはいえない。アンケートの意見・要望欄には、少人数のよさや、少人数を否定的に見ることへの疑問の声が移転統合に賛成の人からも寄せられている。
「おしゃべりが少し苦手なうちの子には、少人数で学校全体が仲良くなれるという大規模な学校にはないよさがあります」（A案選択）
「少人数のデメリットとして『切磋琢磨《せっさたくま》する機会が少ない』ということが挙げられていましたが、南松尾で学んだこれまでの卒業生も、他の学校の子どもたちと同様にみんな立派に成長しています。少人数だからこそ、強い絆《きずな》でお互いに刺激し合い、励まし合えることもあったと思います」（C案選択）
「（小規模校では）子どもたちの競争力の欠如、学力低下、集団生活への対応力など問題点として出されることがありますが、南松尾校区の子どもたちは著しくそれらの点について欠如しているとは思えません。私も息子も高校から大人数でしたが何の問題もありませんでした。少なくとも私の周りでは高校に行って困っているというのは聴いたことはありません」（C案選択）
また、二〇一五年七月に行われた「第二回和泉市適正就学対策審議会」で、ある委員は、「この五年、一〇年の最近では南松尾小学校、中学校も不登校が一人も出ていないということがあるんです。小規模校だからいないのが当たり前というかもしれませんが、C案ということで向こうに行って不登校になったらという親御さんの心配事というのはあるんですね」と発言している。

第二回適正審での市教委の説明は、「調査研究結果」として、新設校への通学方法や新設校の名称など移転統合を前提とする内容に終始し、そして九月の第三回適正審で学校統合の答申が出された。和泉市の施設一体型小中一貫校の建設は、学校統廃合という問題が大きくクローズアップされる中、進められているのだ。

「市はもっと真剣に南松尾の子どもたちのことを考えてほしいです。何年か前の説明会ではなくならないと言っていたのに。市の都合のいいようにされているとしか思えない」（保護者アンケートより）と批判の声があがっているのも当然だろう。

＊

以上、述べてきたように和泉市の小中一貫教育は、教育的根拠がきわめて乏しく、一貫校については、一校分の敷地に小・中学校を詰め込み、そして、近隣の小規模校を統廃合するという、財政効率優先の安上がりの教育という本質がはっきりしてきたと言える。

和泉市は、「足腰の強い行財政基盤を確立する」として五年計画で「和泉再生プラン」を策定し、「行財政改革」を行ってきた。二〇一五年には「再生プラン」の後続計画として「和泉躍進プラン（案）」を出している。プランの内容は、市立病院の民営化（指定管理者制度導入）、公立幼稚園・保育所の廃園、学校給食の民営化（業務委託）など、新自由主義路線そのものだ。小中一貫教育と一貫校建設もこの市政の流れの中で行われているものである。この間、個別的に運動を進めてきたが、今後、「躍進プラン」の具体化を許さない総合的な運動にしていくことの必要性を感じている。

「再生プラン」にも「躍進プラン」にも、子どもたちの健やかな成長を真剣に考えるという教育的視点はない。私たちは、小中一貫教育をはじめとする和泉市の教育の諸課題や本質を多くの人に知らせ、子どもたちの豊かな発達・成長を願う多くの市民と共同し、今後も運動を進めて行きたいと考える。

第11章　大阪府池田市の小中一貫教育・学校統廃合に反対する運動

池田市は大阪府の北部に位置する人口十万数千人の住宅都市である。市の南部には大阪国際空港があり、大阪の北の玄関口となっている。また、阪急電鉄が東西に走り、池田駅や石橋駅を中心に商店、住宅、マンションが建ちベッドタウンとなっている。

市の北部には五月山があり、その山麓には日本四大植木産地として古くから有名な細河地区がある。この地区には今も樹木畑が広がり、豊かな里山を形成している。細河地区の北には伏尾台地区がある。ここはかつて丘陵地帯であったが、一九七〇年代から宅地開発が進み、伏尾台小学校と細河中学校が建設され、一時は人口八〇〇〇人を超えるベッドタウンに発展した。

その後、細河地区、伏尾台地区とも少子化の中で児童数が減少し、学校統廃合計画が進められることになる。「施設一体型小中一貫校」建設反対運動は最終的にこの二つの地域を焦点に展開される。

一九九五年四月の池田市長選挙に保守系無所属候補として立候補し当選した倉田薫氏は、以後五期連続当選を果たす。倉田氏が市長に当選したころ、市は財政赤字に苦しみ、財政再建団体に転落する危機にあった。「行財政改革」が叫ばれ、市職員の削減、公立幼稚園の統廃合や公立保育所の民営化をはじめ、公共施設の整理や跡地の売却が行われた。

教育分野では学校施設の老朽化と耐震化が大きな課題となっていた。二〇一一年四月に五期目の当選を果たした倉田氏は、六月議会に突然、七つの小学校を統廃合して施設一体型一貫校を開校するという「学校施設再編整備計画」を提案した。市民に知らせず一方的に発表された計画に市民は驚き、「小学校をなくさないで」を合言葉に三年間にわたる運動が始まった。

1 「学校施設再編整備計画」の経緯と内容

全国的な「教育改革」の流れの中で、池田市では二〇〇四年度以降、国から「教育特区」「教育課程特例校」の認可を受けて小学校一年生から中学校三年生まで週一時間、池田市独自の「英語教育」に取り組み、小中学校の教員が互いに授業をする「いきいきスクール」を実施していた。

二〇〇七年頃から校長会代表・市PTA協議会代表・教育委員会の担当課長・学識経験者を交えて「小中一貫教育」導入について検討が始まった。二〇〇八年「池田市立小中学校の耐震化と今後の教育の在り方について」を発表。新しい時代の池田の教育として「小中連携から一歩進め九年間を見通した小中一貫教育」を掲げ、二〇二八年度までに約一五〇億円をかけて学校施設全棟の耐震化を目指すとした。これは耐震化と「小中一貫」をセットにしたもので、財政効率優先の考え方がうかがえる。同年、細河中学校区、二〇〇九年石橋中学校区、二〇一〇年北豊島中学校区が順次「小中一貫教育」研究指定となり、「小中一貫検討委員会」が校区ごとに設置される。「検討委員会」では地域の住民や保護者から疑問や批判的な意見があったものの、結果的に「検討委員会」で合意を得たという形でことが進められていった。

二〇一一年四月、池田市長選挙で倉田氏が五期目の当選を果たした。同年六月二日、選挙前には公表しなかった「学校施設再編整備計画」を、教育委員会議で審議しないまま市教委が市議会・校長会に発表。同時に、六月議会に細河中学校と石橋中学校の二校の小中一貫校設計委託料一億七四〇〇万円の補正予算を提案した。

議会では、共産党の議員が次のように述べてこれに反対した。

「今の教育困難は小中一貫教育で解決できるものではない。教員不足、多忙化、入試や学力テストなど、過度の競争教育、長時間労働や非正規雇用などで保護者が経済的にも教育的にもきちんと子どもを育てるゆとりがないという構造的な問題がある」(文教病院委員会)

「平成一九年の通学区審議会では小学校は地域の核として存在することに意味があるとし少人数であればこそできるきめ細かな教育活動を今後より一層発展させることとの答申が行われている。教育委員会は、この答申を尊重し、少子化を学校統廃合の理由にするのではなく、きめ細かな教育活動を行う好機ととらえ、当面、小規模校だけでも三〇人学級を実現し、一学年が四〇人以下の学年は二クラスにすべきである。また、教育委員会がまとめた『学校の耐震化と今後の教育の在り方』についての中にも、学校施設は、子どもたちの遊び場としてだけではなく、地域コミュニティの拠点であり、災害時には地域住民の避難の場としての役割を担うとの記述があり、教育委員会自身が認めている学校施設の重要な役割を失わせるべきではない」（本会議）

だが、同月二九日の本会議で共産党以外の会派の賛成でこの補正予算は可決成立した。

「計画」が出るまでの一連の経過については、設計予算に賛成した民主党会派の議員からも、「教育委員会議で正式に決定していない『計画』を『非公式』に地域や教職員に『小出し』にして世論を誘導し、既成事実化するのは住民・議会軽視である」との批判が出た。

2 白紙撤回を求める運動

「守る会」を中心とした運動の高まり

「学校施設再編整備計画」の内容は、今後、池田市の五中学校区をすべて施設一体型小中一貫校にするというもので、具体的には細河中学校区を皮切りに、石橋中学校区、北豊島中学校区を順次、施設一体型の一貫校にし、当面七つの小学校を統廃合するというものであった。これに対して全日本教職員組合（全教）・池田教職員組合は「小中一貫教育」の名のもと、小規模校を統廃合すると同時に、大きく立ち遅れている学校耐震化の費用を削減することがねらいであるとの立場から、「計画」の白紙撤回を求め、「府高教豊能支部」「池田労連」「新日本婦人の会池田支部」とともに、「池田子どもと教育を守る会」（以下、「守る会」）を結成し、学習・宣伝活動などの運動を開始した。

「計画」の内容を市民に知らせなくては、との思いで始めた運動であったが、「守る会」の事務局体制が確立し、運動は予想を超える勢いで広がった。何より市民の「学校をなくさないで」との、素朴ながら強い思いがその背景にあった。「守る会」は六月から八月の間に、延べ二〇か所で教育を「語る会」や学習会に取り組んだ、というより地域で自主的に開かれる「語る会」に招かれ、教育現場の実態や「小中一貫教育」の問題点を語りあった。

「語る会」では「生徒数一五〇〇人で適正規模？」「通学距離が遠くなり、特に小学校低学年は危険性もある」「先生一人当たりが見る生徒の人数が増え、今以上に目が行き届かなくなる」「歴史ある学校がなくなるのは、心のふるさとをなくすこと」「防災やコミュニティの拠点がなくなる」「小中一貫教育で教育はよくなる？　今の教育困難の原因にメスを入れないと教育はよくならない」などの意見が交わされた。「守る会」はそれをビラにして宣伝するとともに、「語る会」のたびにメール会員を募り、学校現場の様子、ＰＴＡの動き、地域の情報、議会傍聴者からの速報、会合や統一行動のお知らせなどを配信、運動を広げた。

九月議会には「計画の白紙撤回」を求める請願が、「守る会」を含む五つの団体から提出された。同時に、細河小学校後援会（ＰＴＡ）と細河小学校区子ども会育成会からは、「小中一貫校推進」の陳情が提出された。議会では「十分議論を尽くす必要がある」との理由で、「計画の白紙撤回」の請願、「推進」の陳情の両方とも池田市議会としては異例の継続審議となり、運動は一二月議会へと継続された。なお、細河小学校（後援会）ＰＴＡと細河小学校区子ども会育成会から「小中一貫推進」の陳情書が出された背景については後述したい。

二〇一一年一〇月～一二月　署名運動の展開と住民説明会

運動の広がりの中で「署名はしないのですか」の声が市民から上がり、「守る会」は一二月議会に向け「計画の白紙撤回を求める署名」に取り組むことを決めた。「署名出発集会」を開き、二万筆の署名に取り組むことを意思統一した。地域では五つの小学校区で「守る会」や「存続する会」が生まれ、独自にビラを作り、運動会で署名宣伝活動に取り組む校区も生まれた。「守る会」のイラスト入りビラは非常に受け取りが良く、二日間で池田駅五〇〇枚、石橋駅四七〇枚、池田全体で全戸配布を含め四万枚を配布した。署名は、駅頭と全戸訪問など、一万二〇〇〇筆を集約し、一二月議会に提出した。七〇件訪問して三〇九筆を一人で集約した元小学校の先生は、「私の勤めていた細河小学校は一三八年の歴史がある。小中一貫教育に名を借りた小学校つぶしには断固反対！　切磋琢磨《せっさたくま》より行き届いた教育が今求められている」と自らの主張を冊子にまとめ普及に努めた。

一方、市教委は、市民からの「説明会」の開催要求に押され、全一一校区で、市教委主催の住民説明会を開催した。内容は市教委の説明が中心であったが、市民からは多くの質問や意見が出され、市教委はのちに四六項目にわたる小中一貫教育に関する「Ｑ＆Ａ」を冊子にまとめることになる。「守る会」は説明会に積極的に参加し、質問や意見を述べ、会場全体に統廃合反対の空気をつくり出すともに、その内容をメールで発信した。

一二月議会で請願は再び継続審議に

二〇一一年一一月、倉田市長が突然、大阪府知事選挙への出馬を表明した。理由は橋下知事が大阪市長へ鞍替えするため府知事を辞職したからである。五期目に当選してからわずか半年で倉田氏が市政を投げ出し、知事選に出馬したことに対して市民からは大きな批判が出た。ただ、池田市政に大きな影響力を保持していた倉田氏が退いたことは、われわれの運動には一種の追い風となった。

倉田市長の辞職に伴い池田市では降ってわいたような師走選挙となった。副市長の小南修身氏が倉田氏の後継として立候補し、小中一貫・学校統廃合反対を公約に掲げた柴田外志明氏を含めた三人の候補者による三つどもえ選挙となった。「小学校をなくさないで」のポスターが街中に張り出され、「小中一貫・学校統廃合」は選挙の争点に浮上した。

結果は、小南氏が約一万六〇〇〇票を得て当選したが、四月の選挙で倉田氏が得票した票を大きく割り込む結果となった。柴田氏は当選できなかったが、選挙を通じて多くの市民に小中一貫や統廃合問題についての関心が広がったことは大きな成果であった。

選挙前に開かれた一二月議会には「池田子どもと教育を守る会」や五つの小学校区の「守る会」から、延べ一万二六三二筆の署名を添えた「計画の白紙撤回を求める請願」が出された。市議会では「教育委員会から市民に対してQ＆Aが配布されており、さらに市民の理解を求めたい」「新市長のもとであらためて審議することが望ましい」との多数意見で、再度継続審議となった。

二〇一二年一月～三月　四校区で「計画」を凍結

「守る会」は成人式宣伝で新成人の一割の署名を集め、唯一「守る会」が結成されていない細河小学校区へ署名に入り、三月議会に提出。一〇月からの署名の合計は新市長の得票にせまる一万五四三四筆となった。各校区の「守る会」からは一一件の請願が出されたが、すべて不採択。逆に「一貫校推進」を求める陳情二件を採択した。

一方、市長は市の財政状況を理由に「計画」の見直しに言及。五校区中四校区で「一貫校建設」を事実上凍結し、当面は細河中学校区だけを対象にすると表明。予定されていた細河小中一貫校の建設予算の計上を見送り、細河小中一貫校の二〇一四年四月開校は一年延期となる成果をかちとった。運動は「細河小中一貫校」建設反対に絞られた。

二〇一二年四月～六月　建設に反対する運動

二〇一二年四月には細河小学校と伏尾台小学校にPTAを巻き込んだ細河小中一貫校「開設準備会」ができる。その背景には、市教委が地域や保護者に「少人数では切磋琢磨できない」「市議会で設計予算も決まったので今更反対してもストップできない」「少子化が進めば細河中学校も含めて存続が危ぶまれるので今のうちに一貫校にすることが最善の策である」「細河小学校の地下には水脈があり建て替えも耐震もできない」などの説明を行ってPTAを説得。PTA役員は小中一貫賛成派によって占められるようになり、反対の意見が表面には出にくい状態がつくられていった。細河小学後援会（PTA）と細河小学校区子ども会育成会が「一貫校推進」の陳情を行い（二〇四ページ）、「開設準備会」ができた理由には以上のような背景があった。

「守る会」は議会の様子をビラで知らせるとともに、「建て替えも耐震化も不可能」という市教委の誤りを正すため、専門家を招いて細河小学校に調査に入った。結果は「建て替えも耐震化も問題はない。校舎は建造物として価値があり、壊すどころか保存すべきであり、豊かな自然を生かした教育が可能」とのことであった。

六月議会には「守る会」「存続を求める会」など七団体が「計画の白紙撤回と学校の早期耐震化」を求める請願を提出。共産党以外の反対で否決されるものの、市長は小学校の順次耐震化を約束。細河小中一貫校工事予算はまたも見送りとなった。市長は「最終責任は私にあり、住民に賛成と反対がある中、拙速に進めるわけにはいかず、今後住民の意見を十分聞いて判断したい」と表明した。

二〇一二年七月～一二月　議会に署名提出

「守る会」は住民の過半数を目標に細河小学校と伏尾台小学校の存続を求める請願署名を八月から開始した。土日を中心に署名の統一行動に取り組んだ。自治会役員の訪問活動を行う中、一〇月には自治会長を長とする「細河小学校を守る会」がついに結成され、「会」は市長と教育委員会に要望書を手交するとともに、住民説明会を要求した。

その結果、一一月二五日には細河小学校区と伏尾台小学校区で住民説明会が実現した。細河小学校での説明会では、反対の意見が続出し、細河地区連合自治会会長が「統廃合には絶対反対。学校は地域にあってこそ意味がある。一三八年続いた小学校を残してほしい」と発言。伏尾台小学校の説明会では、意見が分かれる中、「住民の意見が分かれているのに拙速に進めるべきではない。凍結・延期すべき」との意見が出され、予定時間を二時間もオーバーして終了した。「守る会」は一一月二八日、市長と懇談し二つの小学校の存続を求めるとともに、住民説明会での様子を伝え、拙速にことを進めないよう重ねて要望した。一二月議会には細河地区・伏尾台地区を中心に集めた三一〇〇筆を超える署名を提出、市長はさらに住民の意見を聞くと表明した。

二〇一三年一月〜六月　建設予算成立

二〇一三年一月、伏尾台地区の一部自治会が一貫校問題で住民アンケートを実施。結果は「賛成二割、反対四割、保留四割」の意見分布であった。翌二月二一日、伏尾台連合自治会長・副会長が住民の中で十分議論する必要があるとして小南市長に「建設予算の提案を少なくとも一年間延期してほしい」と申し入れた。市長は「計画の流れは止められない」と六月議会で建設予算の提案をすることを暗に示したが、教育内容に関する疑問には「教育委員会が行っているものであり、私は何も言えない」との回答だった。「守る会」は「六月議会での小中一貫校の建設予算の計上を許すな!」のビラを配布。大東市で小学五年生の児童が「統廃合を中止してください」との遺書を残して自ら命を絶った事件を取り上げ、「細河小中一貫校でも、母校がなくなることのさみしさ、中学生と一緒に過ごすことへの不安、通学への不安を訴える子どもの声があります。これらの気持ちに寄り添い、声に耳を傾けることが今、求められているのではないでしょうか」と訴えた。

六月一四日、文教病院委員会に総額二五億五〇〇〇万円の建設予算が提案され、共産党議員、民主党会派議員の二人が反対、自民党をはじめ三人の議員が賛成して「建設予算」は可決した。六月二七日の本会議で共産党の議員は次のように反対討論を行った。

「そもそも発達段階が大きく異なる六歳から一五歳までの児童・生徒が同じ施設で学校生活を送ることが子どもの成長・発達にとって適切であるとは教育学的に何ら解明されておらず、教育委員会が主張する中一ギャップの解消どころか、いじめの継続など、むしろ悪い影響を及ぼすことが危惧《きぐ》される。実際の教育活動においても、体格や精神面に大きな差があるため、運動会や学習発表会などの学校行事やクラブ活動を一緒に実施することは問題があり、校舎を増改築して、運動場やプール、特別教室など、小学校、中学校の使用時間を調整し工夫するといっても解決できないことは明らかである。細河小中一貫校で、教職員の人数は一〇人前後削減となる見込みと答弁があったが、まさにこれが狙いではないか。これでは子どもたちのためにはならない」

しかし予算案は共産党と民主党会派の議員一人以外の賛成多数で可決成立した。

3 「細河小中一貫校」開設に対する要求実現の運動

二〇一三年夏以降、細河小中一貫校の開設をめぐって、子ども・住民の立場から要求実現運動が取り組まれた。その経緯は以下の通り。

七月、通学区審議会は答申で、「通学手段として通学バスの運行は、最低限の条件として整備すること」と指摘。

八月、細河小学校で保護者説明会。通学問題で質問・意見多数。伏尾台小学校の説明会では避難経路、教育条件で質問・意見多数。

九月、議会で工事入札業者承認。全教池田教組、市教委に「教職員の人員確保」「スクールバスの無料化」など六項目の申し入れ。

一〇月、「守る会」、「これでいいのか細河小中一貫校　問題山積」のビラ配布。細河中学校で工事説明会。案内や日程の不満多く再度開くことに。制服アンケートで小中一貫校反対のコメント多数。

一一月、工事始まる。地域住民が寄贈した校庭の桜の木が伐採されたことに保護者が抗議。

二〇一四年一月、小南市長が校区年始互礼会で「石橋小中一貫校建設計画」を表明。

二月、全教池田教組が石橋小中一貫校問題について市教委と交渉。「守る会」が「開校に向けて問題が山積　住民の声が反映される学校へ」のビラ配布。

三月、議会で小南市長は「費用面を考慮すると、石橋中学校区においては、まずは児童の安全・安心な教育環境の保持のため、石橋小学校の耐震化を推進することが望ましい」と市教委から申し出があったとして、石橋小中一貫校の建設予算を見送る。これにより、細河小学校と伏尾台小学校以外のすべての小学校の耐震化が実現。約三年にわたる運動は一応の決着を見た。

運動の成果と教訓

当面三つの校区で施設一体型の小中一貫校を開設すると同時に七つの小学校を統廃合し、最終的には五つの中学校区をすべて施設一体型一貫校にする、という計画は大幅に変更された。細河中学校、伏尾台小学校、細河小学校の統廃合は実施されたが、石橋中学校、北豊島中学校での一貫校計画は実質的に凍結された状態になっている。

前市長が、赤字削減を目標に、共産党を除くすべての与党会派の合意を取り付けて行った計画がこのように変更されたことは、池田市にとっては前例のないことであった。この案が出されたとき統廃合対象のほとんどの小学校で「小学校をなくさないで」を合言葉に統廃合反対の運動が大きく広がった。学校と子どもたちを守ろうという地域の運動が計画を止めた最大の力である。

当初の計画には、一体型小中一貫校が現在の様々な教育課題を解決する決め手であると謳《うた》われていた。しかし、基本的には行政の効率化と赤字削減がこの計画の本質であり、地域で繰り返し持たれた教育懇談会や市教委自らが行った説明会の中で、この計画で地域の子どもをどうやって守り育てていくのかというビジョンが示されず「教育改革」を標榜《ひょうぼう》していた市教委自身が最終的には教育の展望を語れなくなったということが、地域での運動をさらに大きくした。

この運動の中で保護者や市民から様々な教育に関わる意見要望が出された。この中で、「そもそも学校とは何を目指すところなのか」といった本質的な問題が提起され、保護者・市民を交えて広く議論をまきおこしたことが重要である。

「小規模校には競争がないから不安である」「学校教育にも時代に見合った改革が必要」「きれいな学校がほしい」など、小中一貫校を進める側からその目的として出された課題についても、逆にそれを実現するにはどのようなことが必要なのかということが運動の中で語られた。その中で地域には地域の中で育てられた学校が必要だという共通の認識が広く形成された。統廃合される細河小学校での説明会での連合自治会長の発言や、伏尾台地域の自治会連合からの要望はこのような中で生まれてきた。市当局が一貫して軽視してきた保護者・市民の願いの中にこそ学校を再生する手がかりがある。

この運動は様々な教育要求を実現するきっかけをつくった。全国的にみても遅れていた学校耐震化は、この運動の中で大きく前進した。また、不十分ではあるが、ほそごう（細郷）学園（細河小中一貫校）の開校に際して、バスの運行や学校設備、人員問題について市教委を追及し改善を実現した。

＊

二〇一五年四月に開校した細郷《ほそごう》学園は、①校区が広すぎること、②新築でなく、既存の中学校の増改築であること、③市の予算が潤沢でないこと、④学校統廃合が絡むことなどから、様々な困難を抱えての出発となった。池田市の三分の一をしめる広大な校区を、四台のスクールバスがピストン輸送をして子どもたちを運ぶ。朝七時半からバス停に並ばなければならない第一便、渋滞に巻き込まれて遅刻ぎりぎりになる第二便。学校行事や定期テストのたびにバスのダイヤを組み換える。子どもも教員も、バスに振り回されながらの学校生活を送っている。

また、工期がずれこみ、突貫工事となったことから、雨漏りや浸水、ひび割れ、ねじの落下が発生、窓が枠ごと落ちる事故も相次いだ。六月の市議会では、さっそくバス問題と学校施設の問題が取り上げられた。府費の職員については、小学校・中学校それぞれの定数どおりに配置されたが、事務員・校務員・図書館司書といった市費の職員は減らされた。コピー機や印刷機、電話回線などが一校分しかなく、取り合いになっている。まさに「合理化」である。

二つの小学校の跡地については、売却せず、地域と子どもたちのために使うことになっている。夏には夏祭り、秋には住民運動会も予定されている。地域の核として、また防災拠点としての充実も求められている。

安倍政権の教育改革の柱として「小中一貫校推進」が掲げられる中、今後も新たな問題が出てくることが考えられる。しかし、上意下達の教育改革は決して受け入れられないというのが池田の三年間の教訓である。地域の父母や市民の願いをしっかりと受けとめて、子どもたちを守り育てる学校をつくる運動をこれからも追求していきたい。

第12章　三条市におけるマンモス小中一体校反対運動の軌跡と開校後の惨状

二〇一四年に児童生徒数一五〇〇名、全国最大規模となる施設一体型小中一貫校「第一中学・嵐山小学校」が新潟県三条市でスタートした。統合された四日町小、条南小、南小は統廃合される理由がない適正規模の小学校であり、第一中学校は市内で最も大規模校だった。狭い三条高校跡地に、三条市はこの四つの小中学校を無理やり押し込め、反対運動を押し切ってまやかしにまやかしを重ねて一貫校を建設したのだ。

総務省出身の國定勇人市長とその権力に追随するだけの三条市教育委員会は、三条市の教育課題に目を向けず、小中一貫教育は、「中一ギャップが解消」「いじめ・不登校が減少」「学力が向上」する「理想の教育」と、借り物の教育論で市民を欺いた。その実現の手段として「教育制度等検討委員会」「小中一貫教育検討委員会」などの組織を発足させ、それらを隠れ蓑《みの》にして結論ありきの運営で、強引に推進した。その結果、開校二年目にして早くも三条市の小中一貫教育と小中一体校の「まやかし」が次々に明らかになっている。

1　反対運動の軌跡

二〇〇九年、市は小中一貫校づくりに関して、「地域連携部会」を設置した。これは「小中一貫教育に関して、保護者、地域の方々との意見交換、情報共有をしながらよりよい教育環境づくりの検討をする場である。部会の開催時に会場に来ていただければ誰でも参加できます」というものだった。

ところが、二〇一〇年六月二八日第四回「地域連携部会」は一気に二〇〇人が参加。住民の声を聞けると大混乱となった。これは、当初発表されていた計画が小中別棟だったのが、小中一体の図面に変わったためである。

そのため、第五回の「地域連携部会」は中止され、ようやく開催されたのは年が明けた二〇一一年二月三日だった。会場を埋めた数百人の地域住民の抗議の声がやまず、怒声、罵声まで飛び交う惨憺《さんたん》たる会議を無理やり閉会し、基本設計案が了解されたと決めつけるひどいものだった。

三条市の教育行政史上、松永悦夫前教育長の残した汚点は後世に語り継がれるものである。反対意見を恐れ、以後、「地域連携部会」は開催拒否となってしまった。國定市長が先頭に立って進めた三高跡地に「一体校ありき」の結論を覆すわけにはいかなかったのだ。同七月、市民団体が提出した公開質問状に詳細な回答がなかったため、面談を要請したにもかかわらず拒否したことが、反対運動を拡大させた。

二〇一〇年「小中一体校の問題を考える会」（のちに「私たちの三条市をつくる市民の会」に発展していく）が発足した。その「考える会」が初めて開催した市民集会には、四〇〇人もの市民が参加した。しかし、國定市長と松永教育長は欠席だった。集会では、小中一体校白紙撤回要求と署名活動開始、市議会に要望書を提出することを決めた。

夏の暑い盛り、一体校の反対署名集めに大勢の市民、市議が奔走した。集まった一万一〇二四筆もの反対署名をもって市長に提出したが、市長は机上に積まれた分厚い署名簿の束を手にとるでもなく、肘《ひじ》をついたまま「選挙で決着をつける」という傲慢《ごうまん》な態度で黙殺した。

國定市長は、「統廃合」を封印し一〇月三一日の三条市長選挙で当選し、「小中一貫教育」が民意を得たと強調した。しかし、実は、その直前、七月に実施した市民満足度調査（無作為三〇〇〇人に実施。回収率四九・三パーセント、自由記述記載率七七・六パーセント）では、ほとんどが、小中一体校や、小中一貫教育に反対だった。市長選直前のこのデータは不利だと判断したのか、公表せず隠蔽《いんぺい》しての当選だった。

市長選後、教育委員会は「ゆるやかな別棟」案を最善唯一の案として提出した。これにも、依然として否定的意見がやまず、住民アンケートの実施を求める声が、市民や市議の一部からも出たが、市長も市教委も拒否した。

そのような状況の中で、二〇一一年二月一七日「三条市小中一貫教育と一体校反対」の市民集会第二弾が開催された。ホールを埋め尽くす満員の五〇〇名以上が集まった。和光大学の山本由美教授を講師に迎えての集会だった。事前に校区を一周した山本教授は、南小学校の広いグラウンド、耐震性に問題のない立派な校舎に、三七九人もの児童が学んでいることを知り、三条市の第一中学校区の小中一体校の場合、「狭い敷地に一五〇〇人を収容する必然性はない」と強調した。

三月には地元合意を求める議会請願が全会一致で採択された。にもかかわらず、國定市長と市教委によって無視された。

そのため、「考える会」と「市民の会」は住民の気持ちに沿った学校を造りたいと、多くの費用と労力がかかることを覚悟で市民を対象としたアンケート調査を実施した。結果は「三高跡地に一体校建設反対」六六パーセント、「賛成」一七パーセントと、小中一体校反対が賛成を大きく上回った。地域住民は小中一体校を拒否したのである。

ところが國定市長は、「アンケートの結果には左右されない。評価する気もない。コメントするつもりもない」と驚くべき発言をした。市長のこの態度には、住民から怒りが沸き起こった。怒りと抗議の大デモ行進が二〇一一年九月二四日に行われ、三〇〇人の市民が抗議の声を上げげた。それにもかかわらず、九月定例会最終日の九月二八日、三条市議会は記名投票で、賛成一四・反対一一の僅差で後世に取り返しのつかない議決をしてしまった。

長年、三条市の教育に携わってきた元教育長、校長など退職教員が、六月に市教委に面談を求めた。しかし、市教委は議会で嘘《うそ》までついて議決終了後に引き延ばした挙句、ようやく実現した面談で前代未聞の瑕疵《かし》が発覚した。

「統廃合を正式に決めたのは何年、何月何日か?」と問われ、長沼礼子教育委員長は、「正式に何月何日にと申し上げることはできません」と答えた。だがこれは、特定日時を挙げた松永教育長の答弁（二〇〇九年一二月二四日）と矛盾していた。結果的に、議事録には統廃合の条例が提案、承認され採決された記録がなかった。三条市教育委員会は三小学校の統廃合を正式に決定していないという重大な問題が発覚した。そのような瑕疵があるとは夢にも思わない議会は統廃合を可決したのだ。

納得できない市民団体は、次なる手として三条市監査委員会へ、住民監査請求を提出した。約二か月後、建設費の差し止めを求める住民監査請求は、法的違反はなしという驚くべき理由で却下された。監査委員による事実確認と請求棄却判断理由は調査不足というよりも、理事者の言い分を鵜《う》呑《の》みにしたとしかいいようがないものだった。

教育行政の専門家によれば、「住民監査請求に対する監査委員会からの通知では、学校統廃合は議会権限であって、教育委員会での議論はプロセスの一つに過ぎないと書かれていますが、これは間違った認識です。教育委員会における専門的かつ民主的な検討を通じた議決が、決定的に重要であり、議会の議決はそれを受けて行われるというのが、現行法解釈の常識です」というものだった。

こうした経緯の後、とうとう三条市始まって以来、全国にも例のない「事務監査請求」に発展した。最低必要署名数は選挙人登録名簿の五〇分の一（一七〇七人）だったが、これに対し、三倍以上の五七八八人もの署名が集まった。しかし、四〇ページにも及ぶ監査委員会の判断結果は、またしても市長や教育委員会の言い分を正当化するものだった。請求した市民団体は、この内容について精査し、疑問点をまとめ公開の場で説明を求めた。しかし監査委員会は、それにも答えることができず、一方的な監査結果を押し付けられる結果となった。

2　開校後に露呈した問題とまやかし

このような問題のある経過を経て第一中学・嵐山小学校は二〇一四年春にスタートした。ところが、開校二年目にして、早くも六十数か所以上の工事の不具合が指摘されるという事態になったのだ。子どもたちが安心安全な教育環境の中で教育を受ける権利が侵害されている。

まず、三階の可動床プールが故障している。「東京の一流ホテルに負けないプール」と國定市長が自慢したこのプールが、開校二年目に早くも故障し復旧のめどが立っていない。通知表から水泳の評価項目を削除し、児童生徒の学習権が奪われる事態となっている。市民団体や地域住民の有志が公開質問状で詳細な回答を求めても市長は答えることができない。

また、設計上の問題により屋根からの落雪にテントが必要となっている。屋根の落雪から子どもを守るためテントを張ってしのいでいる。

このような事態になることは、市民団体がすでに校舎見学の時点で教育委員会に指摘しておいたことだ。しかし、教育委員会は、「およそ建物の建設におきましては、想定外のことが起きることは多々あることでございます」という議会答弁をした。落雪防止のための改修工事費として一四九〇万円が計上され、市長も市教委も設計業者も施工業者も、誰も責任を取らず市議会が市民の血税を使うことを認めた。

同校内の小学校と中学校の施設の間には、「ここから先は小学校棟」の張り紙が、はられている。小学生と中学生の生活圏は完全に分けられているのだ。施設一体型の小中一貫教育が理想の教育と宣伝したはずがこの状況だ。また、子ども議会では、小中一体校で何も交流がないことを疑問に思う中学生が、「なぜ、小中一体校を作ったのですか?」と質問した。國定市長は子どもの疑問に正対する答弁ができなかった。小中学生の交流さえ日常的にないことに疑問を呈する子どもたちの声は当然だ。

このような現状で、研究発表のために仕組まれた全国サミットが二〇一五年一〇月二二日〜二三日に開催された。サミットの開催のために教職員と子どもたちが振り回され犠牲になったのではないかと危惧する。

二〇一五年五月二七日、「学校教育法等の一部を改正する法律案に関して」國定市長は衆議院文部科学委員会に参考人として出席した。三条市の小中一貫教育の数値的成果として、不登校の数が少し減ったと述べた。ところが、その数日後の三条市議会六月定例会で、市議の質問に対し、市教委は前年度比一五人増加したと認めた。

また、教育委員会制度が変わって首長の権限が強化されたことについて、感想を求められると、「そもそも人口一〇万二〇〇〇規模の三条市では、予算編成権も条例提案件ももともと首長にある。私が『うん』と言わなければ議会に提案できない。教育委員も自分が指名し、議会の同意を得る。もともと一蓮托生《いちれんたくしょう》。教育委員会制度が変わっても今更、何も変わらない」と専制君主のごとき発言をした。

3　反対運動の特徴と今後

三条市の事態と市民の運動を振り返ると、以下のような特徴が挙げられる。

ア　市がやったのは、小中一貫教育の美名のもと、地域住民を欺き、無視し、法的違反を認めず押し通した学校統廃合であったこと

イ　市教委が学校統廃合を正式に決定していないにもかかわらず、議会が議決したという前代未聞の瑕疵があったこと

ウ　党派を超えた市議、市民、企業が「私たちの三条市をつくる市民の会」（略称『市民の会』）「小中一体校の問題を考える会」（略称『考える会』）などを結成し、組織的な反対運動を展開してきたこと

エ　反対運動としてやれるべきことは全てやったこと（特に、住民の手によるアンケート調査、デモ行進、住民監査請求、全国に例のほとんどない事務監査請求…などなど）

オ　開校してもまだ三条市の教育と子どもたちを守るために運動を継続していること

二〇一五年六月、学校教育法一部改正により「小中一貫校」は「義務教育学校」という名称で法制化された。三条市のように小中それぞれに校長がいるタイプは、今後、省令で規定するとのことであ

る。三条市は国の動向を見極めて「小中一貫校」に移行し、学校統廃合をさらに進めるものと思われる。中教審の委員だった國定市長は、早くも二月の三条市の総合計画で以下の提起を行った。

○市内七つの中学校区を一斉に小中一貫校にする
○市内七つの中学校区を三条版コミュニティスクールにする
○三条市独自の教科をつくる（食育科、ものづくり科）
○三条市独自で教員を採用する

これらは不可能に近いことばかりであるが、それを先取り宣言するとともに、小規模校の統廃合推進を明言した。これらの施策を実現するために「適正規模検討委員会」を立ち上げ、わずか数か月で市長と市教委の意に沿う答申を出させ、市教委は九月一五日、学校存続を願う地域住民の声を無視し、伝統ある市内の中心校である三条小学校を裏館小学校に「吸収統合」することを決めた。数日後の、教育総合会議で國定市長は自らが先頭になって推進したにもかかわらず、統廃合を「追認」した。

「教育への介入は当たり前」と言う國定市長によって三条市の教育がこれ以上間違いを重ねることがないよう、市民が立ち上がるべき時であろう。

参考文献

三条市の教育を良くする会（２０１５）『まやかしの教育　三条市の小中一貫教育と小中一体校』

第13章　加東市の小中一貫校導入の顚末

兵庫県加東市《かとう》は明石市の北約三〇キロ北に位置し、姫路平野の北東端にある。北部には中国山地の低山が連なり、西部には加古川が流れ、自然豊かで風光明媚《めいび》である。人口は四万弱、ため池が多く米作りが盛んである。とりわけ酒米として有名な「山田錦」の生産量は全国第二位である。

一方、「滝野社」と「ひょうご東条」二つの中国縦貫自動車道のインターチェンジがあり、大阪まで約一時間でアクセスできる好立地を生かし、産業団地が四箇所もある。パナソニックや富士通などの工場があり、近隣はもちろん遠方からも専用バスで、多くの人が働きに来ている。

かつては社町《やしろまち》と滝野町、東条町で加東郡をなし、それぞれ独自の町づくりをしてきた。門前町である社町は、官庁の町として加東郡の中心となって発展してきた。加古川舟運で栄えた滝野町は、国道一七五号線や中国縦貫自動車道の滝野社インターなど交通アクセスの良さを生かした町づくりをしてきた。釣針生産日本一と酒米山田錦を栽培する東条町は、音楽専用の東条文化会館（コスミックホール）を持ち、音楽文化を高めてきた。これら三町が二〇〇六年三月二〇日に合併して「加東市」となった。

1 「九小学校を統廃合し三校の小中一貫校にする」

平成の百姓一揆か?

二〇一五年二月三日夜、旧東条町で開催された「公共施設適正配置計画案」の東条東小校区市民説明会には、二〇〇人を超える市民が集まった。会場の前部に並んで座っている加東市役所幹部に向かって、次のような声が上げられた。

「市長は公共施設を自分のものと思ってるのと違うか。勝手に統廃合を決めてよいのか」「学校や公民館の統廃合は教育委員会の権限である。教育委員会を開いて、そのことを論議したのか」「コスミックホールは私たちの誇りだ。取り壊しに反対だ」「コスミックを取り壊した跡地に小中一貫校を建てることには反対だ。小中一貫校を新築しなくても、小中連携教育を発展させていけばよい」「公共施設適正配置計画案は『案』なのか。決定事項ではないのか。私たちの思いを聞いて、変更する気はあるのか」……市を批判する市民の怒りの発言が続き、核心を突いた発言には大きな拍手が起こった。その発言に対する市幹部の回答に市民は納得せず、午後七時に始まった説明会は、深夜まで四時間に及んだ。

資料13－1　加東市旧自治体ごと廃止予定公共施設数

旧町名	施設総数	存続施設数	転用施設数	廃止施設数
旧社町	35	17	7	4
旧滝野町	20	15	0	2
旧東条町	23	5	2	10
計	78	37	9	16

※加東市公共施設適正配置計画案の概要版をもとに筆者作成（但し市営団地は除く）

こんなに怒る市民を、筆者は見たことがなかった。一人の発言が終わるやいなや老いも若きも次々に挙手し、言葉厳しく市幹部を追及する姿は百姓一揆を彷彿《ほうふつ》させた。

続く二月五日の東条西小学校校区での説明会も厳しい意見が続出して、深夜一一時半近くまで続いた。旧東条町民の怒りは治まる気配が見えなかった。何に東条の市民は怒ったのか。

『最先端の教育』に期待」との見出しの神戸新聞記事が出たのは、二〇一四年一二月一〇日のことだった。「最先端の教育とは何か？」と記事を読んでみると、小中一貫校を導入する話だった。それも、市内にある市立小学校九校と中学校三校を全て、小中一貫の三校に統合するという大胆な提案だった。*

*神戸新聞二〇一四年一二月一〇日付。

市側の計画は以下のようなものだった。まず第一に、コスミックホールを取り壊し、その跡地に東条東小学校と東条西小学校、東条中を廃校にし、東条地域小中一貫校を建設するというのだ。その計画が、何の前触れもなく新聞発表された。しかも、それだけではなかった。資料13－1にあるように旧東条町内にある少なくない公共施設が、まるで狙い撃ちするかのように廃止計画にのせられていた。*

＊加東市公共施設適正配置計画（案）二〇一四年一二月二五日。

なかでも木管コンクールを催し「コスミックホール」の愛称を持つ東条文化会館は東条町のシンボルであり、東条の誇りであった。築二五年でまだまだ使える施設である。そのうえ、公民館や三つの体育館、庁舎も廃止とされ、旧社町や滝野町の公共施設の廃止の数と大きな違いがある。

提案者もさすがに「これはまずい」と感じたのか、「公共施設適正配置の基本方針」には、次のように記されている。

町の行政区域や学校区等、全ての地域にバランスよく配置するといった考え方ではなく、利用状況維持管理経費、安全上の問題、借地の状況等を勘案し、行政経営上設置効果の低い施設は統合、廃止の対象とします。＊

＊同前。

だが、「全ての地域にバランス良く配置するのではない」と言われても、その地に住む旧東条町住民にはとうてい承服できないだろう。

2 加東市の「公共施設適正配置立案」の概要

この計画案は市職員のプロジェクトチームが約一年半かけてつくり、有識者やコンサルタントなど外部に意見を求めなかったという。*二〇一五年一月二四日に行われた「加東市公共施設の適正化フォーラム」で配布された資料によると、生産年齢人口が減り税収が落ちる。それなのに六五歳以上の人口が増えるので、市の財政支出は増える。だが年少人口も減るので、学校の統廃合をすれば経常的項目に係る事業費が大幅に削減できるということである。

*神戸新聞記事二〇一五年五月四日付と五日付。

加東市公共施設の適正化フォーラム資料（二〇一五年一月二四日）によると、以下のことになる。

1 将来人口の推計【平成二二年度を基準として今から二六年後を比較】

- 全人口で約四五〇〇人減少
- 年少人口（〇歳〜一四歳）で約一七〇〇人減少
- 生産年齢人口（一五歳〜六四歳）で約五四〇〇人減少
- 六五歳以上人口は約二五〇〇人増加

2 合併による市の規模以上に多数の公共施設を保有【他市町平均比較】

3　建物の建築年度
・旧耐震基準（一九八一年以前）により建設された建物は全体三八・三パーセント
・白書対象の五九の建物のうち、今から一〇年後には約四割、二〇年後には約八割の建物が耐用年数を迎える。（白書とは「公共施設マネジメント白書二〇一二」、人口推計は国立社会保障・人口問題研究所のデータによる）

加東市教育委員会も、今後現存の中学校区ごとに小中一貫教育を推進することで、時代に沿った新たな夢のある教育を創造していく方針を打ち出した。そのような状況の中、市立学校（小学校九校、中学校三校）や保育所、幼稚園を現状のままで維持、管理していくことはせず、特に小学校区の再編や統廃合を視野に検討を進めた。*

＊加東市公共施設適正配置計画（案）二〇一四年一二月二五日。

二〇一二年三月三〇日の市の「公共施設マネジメント白書」には、「児童数の将来見込みでは、総児童数での変化はほとんどありませんが、大幅な増加や減少が見込まれる小学校があることから、今後、校区の再編などが検討課題になる状況も予測されます」と記されている。* この段階では、今回提案されたような大規模な統廃合は考えられていないと思われる。したがって、今回の統廃合計画は、二〇一六年四月施行が予定されている「義務教育学校」を先取りしたものと考えられる。公表前にその情報をどこかから入手し、学校統廃合を合理化しようと考えたのかもしれない。

＊加東市公共施設マネジメント白書二〇一二年三月三〇日。

加東市公共施設適正配置計画案の最後に、「施設の統廃合など公共施設適正化の取組は、今まであったものを取り壊すなどのマイナスのイメージが持たれやすい取組ですが、本市においては、『小中一貫教育』の推進を打ち出し、未来ある子どもたちの教育環境を充実するための取組を進めることとしていますので、この取組と連携して、公共施設の適正化の取組を推進します」と記している。＊これは、別の見方をすれば、小中一貫教育を学校統廃合の隠れ蓑《みの》としているとも言える。

＊加東市公共施設適正配置計画（案）二〇一四年一二月二五日。

この統廃合で、社地域小中一貫校は周辺地域で最大のマンモス校となる。滝野地域小中一貫校も同様である。人口四万の市で、市立小学校は全て小中一貫校となってしまう。小中一貫教育を受けたくなかったら、市内では兵庫教育大学附属小学校に行くしかすべはない。

3　各種市民説明会での問題

長年にわたって市行政の中核を担ってきた幹部たちが、練りに練って仕上げた公共施設適正配置計画案である。市民の理解を得ようと、各種の説明会が開催された。二〇一五年一月、地元の兵庫教育大学の加治佐哲也学長が「小中一貫教育の効果と課題」と題する基調講演をした。その内容は、中一ギャップの解消と少子化の進行に対する学校規模の確保が必要になるため、二〇一六年度から九年制の「小中一貫教育学校」が創設されることとなったというものだった。

　同氏によれば、その学校では、子どもの学力が向上し、社会性、人間性の成長が図られ、小中の接続が円滑化され、不登校の減少と中学校進学への意欲が増すという。そればかりか、学校への苦情が減少し、地域が活性化し、流入人口が増加する。教職員には、小・中連携教育の意義への理解の促進と課題が共有され、協働意識が向上し、授業観の変化と授業力が向上して、その成長が図られるという。小中一貫教育の課題としては、五―四制か四―三―二制かなど、教育課程の編成と子どもたちの人間関係の固定化、バス通学の問題、教職員の意識改革と能力向上、保護者や地域の人々の理解と協力を得ることである。* その後、市幹部が地域の九つの公民館などに出向き、地域住民に向けての説明と質疑の場を持った。旧社町や滝野町の会場では、公共施設のほとんどが廃止されず、小中一貫校導入も一〇年ほど先になることもあって参加者も少なかった。

＊加東市公共施設の適正化フォーラム資料、二〇一五年一月二四日。

　ただ、統合対象となる鴨川小学校区での説明会（一月二八日）では、「このままでは限界集落になる。それで、近くに別棟を建てるなり増築するなりして、跡継ぎを呼び戻そうと努力してきた。ところが、地域に小学校と保育園がなくなると、園児や児童の送迎は祖父母の役目となる。片道一五キロの送迎は祖父母にとって大きな負担となる」との発言があった。市の回答は、「鴨川保育園の園児の数は少ない。それで園児の数が多い保育園に入れ、大きな集団で切磋琢磨《せっさたくま》する方が発達に良い」「小学校も少人数の複式学級で学ぶよりも、より多くの子どもたちと学ぶ方が社会性も身について良い」とのことであり、限界集落化を懸念する住民の思いとは大きくすれ違う回答だった。

市側は、PTA総会などを利用して小中一貫教育のアンケート調査を行った。さらに、二〇一五年度加東市連合PTA研修会で、高松第一学園校長とその関係者を招いて、小中一貫教育の研修会をした。参加者は一二八名であった。研修を終えて、アンケートに答えた人の三八パーセントが「理解が良く深まった」、五六パーセントが「少し深まった」と回答している。*

*平成二七年度加東市連合PTA研修会アンケート結果、二〇一五年六月二〇日。

教職員に対しては、加東市立の幼稚園と小学校、中学校の教職員全員を対象に、高松第一学園の校長の講演をメインとする研修会があった。その直後のアンケートで、「加東市で小中一貫教育を推進することについて、あなたの考えはどちらですか」との問いに、小学校では四二パーセント、中学校では三六パーセントの教職員が「理解できない」と答えていた。*

*小中一貫教育に係るアンケート結果（教職員）、二〇一五年八月四日。

「加東市小中一貫教育研究会」が六月一〇日に発足した。第一回目の研究会で、兵庫教育大学の浅野良一教授を委員長に、社地区代表区長を副委員長に決めた。会員は小中の校長が一人ずつ、小学校教員が二人、中学校教員が一人、三地域からPTA役員と代表区長が三名ずつで構成された。五人の教育委員がオブザーバーとして関わった。しかし、この研究会は、当初の「小中一貫教育導入の是非」を考える会ではなく、教育長の意向を汲《く》んで「進めるための方策、課題を論議」する会としてスタートしてしまった。

第二回目の研究会は、堺市のさつき野学園（小中一貫校）見学直後に開催された。見学の印象をみんなで話し合い、委員長が、「小中一貫教育には致命的な瑕疵《かし》がない」ことを会員みんなに確認した。

第三回目の研究会では、事務局がパブリック・コメントや様々な提案から拾い出した「小中一貫校の課題」のペーパーが出されていたが、一切論議されることなく進んだ。

本来なら加東市公共施設適正配置計画案が提案される前に開かれ、そこで学校や公民館などの施設の統廃合を検討するべき会議が、二〇一五年八月二四日になって開催された。

加東市小中一貫教育研究会が「小中一貫教育を推進する」との方針を出したので、教育委員会もそれを尊重し、小中一貫教育を進めることで合意した。それと、保護者や地域団体の代表者などによる検討組織「地域推進協議会（仮称）」を、地域ごとにつくることも全会一致で決めた。ただ、東条地域の一貫校については、「市が予定しているコスミックホール周辺は土地が狭く、体育館やプールを建てることは困難」と、その近くに住む委員が指摘したが、市教委事務局が「用地が確保できれば可能と考えている」との回答を受けて、他の委員は現地を確かめることもなく賛成多数で、コスミックホール周辺に建てることにしてしまった。

4　市民の反対運動

市民から計画案や小中一貫校導入に反対の動きが起きた。二〇一四年一二月一〇日の小中一貫校導入の神戸新聞記事を読んで、地域は騒然となった。多くの教員や保護者、地域の人が精力を注いで学校を維持・運営し、多くの市民を育んできた九つの小学校を全て廃校にし、三つの小中一貫校にするという大胆な提案に、多くの市民は驚いた。また、このような加東市の住民や将来に大きな影響を与える方針が市民に全く知らされず、突然の新聞発表で知らされることにも大きな危惧を抱いた。確かに学校の統廃合が絡む事柄だけに、全てオープンに議論することは難しいかも知れないが、市の幹部とはいえ一部の人だけで決めて、それを下ろすというやり方は、この民主社会にはふさわしい手法だとは思えなかった。

加東市は、二〇一五年一月一日～二月九日まで、今回の計画案に対するパブリックコメントを応募した。ふだんは市にもの申すことの少ない市民だが、今回は市外の人も含めて一六八名が、一八七件もの意見を表明した。その多くはコスミックホールの存続を要望する意見だが、小中一貫校導入に反対する鋭い意見もあった。学校や公民館、体育館などの施設の統廃合を決める権限のある教育委員会で論議された形跡がないことに対する厳しい批判もあった。また、市民の意見を聞くこともなく、このような公共施設適正配置計画案を一方的に提案したことに対する批判もあった。

また、東条町のコスミックホール取り壊し反対の署名活動が、東条中学校生徒有志によって行われた。東条中生徒は、廃止反対の考えを先生に伝えたが、「学校として協力することは難しい」と言われた。それで、生徒有志で署名を集めることにした。それぞれがクラスメートに協力を呼びかけたり、地域の大人が集まる会合で署名を呼びかけたりした。中学生の心意気に感動した大人の中には、自分で署名用紙をコピーし、集めて回る人もいた。それで、一九八五人分もの署名が集まった。

それを二月五日の東条西校区の住民説明会で、加東市長に直接手渡した。その際に中学生が「署名を集める際、たくさんの人の声を聞いた。署名にはその思いが詰まっている。数字だけでなく、本当に価値のあるものを見極めながら計画案を進めてほしい」と話した。また、コスミックホールを守り育てる会の署名活動も行われた。元教育長らで組織するコスミックホールを守り育てる会では、精力的に署名活動を進め六二〇九筆もの署名を提出した。

山間にあり交通の便がよくない鴨川では、もし保育園と小学校が地域からなくなると、若い人が安心して子育てができなくなってしまう。そうなると、過疎がいっそう進んでしまう。そうならないよう、区長さんを中心に様々な活動がなされた。鴨川三地区の区長さんが、地区選出議員を紹介議員とし「鴨川保育園の存続求める請願」を市議会に提出した。しかし、「請願の趣旨は理解できるが、公共施設の適正化は避けて通れず、各論では賛成できない」などの反対意見が多数を占め、産業厚生常任委員会で請願は不採択となった。続いて加東市議会本会議でも審議された。「鴨川の地域性を考慮すべし」との賛成意見も出たが、「東条文化会館の存続を求める請願を不採択とした。今回のみ採択するのでは整合性がとれない」などの反対意見が出て、賛成少数で不採択となった。

また、鴨川小学校に勤務した二人の教員が中心となって、鴨川小学校と保育園の存続を求める署名活動を始めた。この署名の呼びかけ人の代表に、教員たちや地域から絶大な尊敬を集めていた鴨川小学校の元校長がなってくださった。その力もあって一〇〇九筆もの署名が集まった。六月二四日に、鴨川地区三区長立ち会いのもと、鴨川小元教員が陳情書と署名を提出した。

鴨川小学校統合は鴨川地区の将来に大きな禍根をもたらす可能性がある。それで、住民一人一人の意思を聞くことが大事だと、三人の区長はそれぞれの地域でアンケートを各戸に配布し、その意思を聞いて回った。年代別では、一貫校に賛成する人の方がやや多い世代もあったが、地域全体では反対が多かった。それで、地域の民意として統合反対の要望書を教育長に提出した。

筆者は小中一貫教育のメリットよりも、小学校が統廃合されることに大きな危惧を感じている。というのも、かつて社町の時代に三中学校を一つに統廃合（一九七八年）してからしばらくして、中学校が荒れてたいへんだったことが思い起こされたからである。卒業生の何人かが授業を抜け出し、廊下で暴れまくる。屋上から物を落とす。生徒間や他校の生徒との喧嘩、対教師暴力もあり、中学校の先生方の心労は大きかった。「統廃合しなければ、こんなことは起こらなかったのに」というのが、当時の多くの教員、保護者の共通した思いであった。中学校の先生方の必死の取り組みで、この荒れは次第に沈静化していった。しかし、それに何年もの歳月を要した。

また、過疎が進んで大規模な統廃合を実施した兵庫県のある地域に勤める小学校の先生から、「学校が荒れてたいへんだ」という年賀状をいただいた。それらのことから、学校統廃合は小学生にも中学生にも大きな負荷を与えると思った。それで、私は二つの学習会を組織することにした。

1　姫路の小中一貫校導入の顛末《てんまつ》を知る学習会（二〇一五年一月一〇日）

兵庫県で最初に小中一貫校を導入した姫路市から、その顛末をよく知る小学校教員に来てもらい、学習会を持った。その導入の過程は加東市と同様、いきなりのトップダウンだったという。その理由付けも、心身発達の加速化、中一ギャップで、義務教育九年間の指導内容と指導方法に一貫性を持たせる必要があるという、まるで同じものであった。

そうしてできた一貫校では、次から次へと小中一貫行事が企画され、トップダウンで下ろされたという。職場の多忙化は拍車がかかり、その学校で二年間に二人の現職死があったという。「小中一貫教育の裏のねらいは学校統廃合だ」(関西福祉大学長加藤明氏)の言葉が印象的だった。

2　山本先生を招いての全国の動きを知る学習会(二〇一五年五月二四日)

「小中一貫校、その実態は」と題して、胸のすくような講演をしてくださった。小中一貫教育導入の根拠があやしいこと、教育的効果が検証されていないこと、コスト削減目的の学校統廃合とリンクされていることなどをきちんと示してくださった。

しかし、加東市や教育委員会を中心に、加東市小中一貫教育研究会や管理職、PTAなどが小中一貫校導入に向けて着々と手を打ってきている。小中一貫校導入に賛成する署名活動をする人もいる。連合の教職員組合が反対運動をしないこともあって、このままでは小中一貫校が導入されてしまいそうである。コスミックも「指定管理者が二年三年運営してもうまくいかないなら、(存廃を)判断せざるを得ない」との話まで出ている昨今である。

このままでは、方々に大きなしこりも残ってしまうであろう。

＊

加東市にとって激動の一年であった。公共施設適正配置計画案をめぐり、賛成、反対の市民の動きの記事が紙面を賑《にぎ》わし、市が二分されていくような感じがした。この公共施設適正配置計画案は、市民が要望したものではなく、行政側が将来を見通した上での提案であったと思う。だから、いっそう不利益を受けそうな地域や市民への根回しやこまかな配慮が必要だったのではなかろうか。それがないため、ふだん市に物を申すことのない市民までもが、反対の声を上げていった。

本来なら、反対意見や少数意見をうまく吸い上げ、よりよい方針をつくっていくのが民主政治のあり方だと考える。そうなれば両者が生きる。しかし、この問題に関しては、市にはそういう姿勢があまり見られない。激しい反対の声もあったが、公共施設適正配置計画案は、大きな見直しはされないようである。

それは長い目で見るとプラスにはならないと考える。例えば、小学校の廃校で小学校単位の地域が消滅してしまう。それがなくなることで、地域がいっそうバラバラになり、住民自治の力も落ちるだろう。学校の支えも個人的なものに頼らざるを得なくなり、より貧弱になるだろう。一方、各小学校では児童数が増え、クラスの人数も三〇を超えるのが普通になる。先生方の負担は大きなものとなる。一人一人の子どもにとって、多人数での授業はわかりにくいもの、理解不十分なものとなる可能性は高くなる。

また、小学校のない地域では、人口のいっそう減少する可能性が大きくなる。そして、過疎化と高齢化が進んでいくだろう。過疎化対策がかえって過疎化を進めてしまうことになりかねない。

さらに、市のために喜んで協力してくれる力のある何人もを、反対側に追いやってしまったことは、加東市の今後に大きな損失となりはしないだろうか。

山本由美（やまもと・ゆみ）
和光大学教授。東京自治問題研究所常任理事。『小中一貫教育を検証する』（編著、花伝社、2010年）、『学力テスト体制とは何か』（同、2009年）、『ベストスクール』（同、2002年）など著作多数。

藤本文朗（ふじもと・ぶんろう）
1935年京都府生まれ。滋賀大学名誉教授。教育学博士。全国障害者問題研究会顧問。「ベトちゃん、ドクちゃんの発達を願う会」代表。『ひきこもる人と歩む』（新日本出版社、2015年、共編著）、『ベトとドクと日本の絆』（同前、2010年、共編著）、『座して障害者と語る』（文理閣、2000年）、『障害児教育の義務制に関する教育臨床的研究』（多賀出版、1996年）など著作多数。

佐貫浩（さぬき・ひろし）
1946年兵庫県生まれ。法政大学教授。教育科学研究会委員長。民主教育研究所運営委員。『道徳性の教育をどう進めるか』（新日本出版社、2015年）、『危機のなかの教育』（同前、2012年）、『品川の学校で何が起こっているのか』（花伝社、2010年）、『平和的生存権のための教育』（教育史料出版会、2010年）など著作多数。

「小中一貫《しょうちゅういっかん》」で学校《がっこう》が消《き》える——子《こ》どもの発達《はったつ》が危《あぶ》ない

2016年2月25日　初　版

編著者　山本由美、藤本文朗、佐貫浩
発行者　田　所　　稔

郵便番号　151-0051　東京都渋谷区千駄ヶ谷4-25-6
発行所　株式会社　新日本出版社
電話　03（3423）8402（営業）
03（3423）9323（編集）
info@shinnihon-net.co.jp
www.shinnihon-net.co.jp
振替番号　00130-0-13681

印刷　亨有堂印刷所　　製本　光陽メディア

落丁・乱丁がありましたらおとりかえいたします。

ISBN978-4-406-05958-9 C0037　Printed in Japan